**Tous ces catholiques
qui ont déserté l'Église...**
comment leur donner envie de revenir ?

Religions et Spiritualité
fondée par Richard Moreau,
Professeur émérite à l'Université de Paris XII
dirigée par Gilles-Marie Moreau et André Thayse,
Professeur émérite à l'Université de Louvain

La collection *Religions et Spiritualité* rassemble divers types d'ouvrages : des études et des débats sur les grandes questions fondamentales qui se posent à l'homme, des biographies, des textes inédits ou des réimpressions de livres anciens ou méconnus.

La collection est ouverte à toutes les grandes religions et au dialogue inter-religieux.

Dernières parutions

Marie MOREAU, *La Vierge Marie, fille d'Israël. Jeune fille juive qui, par son Fiat, a changé la face du monde*, 2021.
Odon ABBAL, *Le saint (?) et le sauvage (?), Pierre Chanel et Musumusu (1837-1841)*, 2021.
Claude Henri VALLOTTON, *En vieillissant. Journal d'un apprentissage*, 2021.
Ronald ZOUMANGO, *Souffrance de l'homme, souffrance du christ. « Dieu était où quand je vivais cela ? »*, 2021.
Jean-Philippe PETTINOTTO, *Dans le souffle du vent, Conquête de soi et résistance franciscaine dans le monde post Covid-19*, 2021.
Ngoc Tiem TRAN, *La pensée franciscaine. Une pensée à la lisière du singulier et de l'universel*, 2021.
Gabriel TANKWA LUMBELE, *Perfectae Caritatis et la spiritualité des chanoines réguliers de Prémontré*, 2021
Père Michel BOURRON, *Cinquante ans au service de l'église de Lyon. 1971 / 19 juin / 2021. Traces...*, 2021.
Jean BRAC, *Évangile de Jésus le Christ selon saint Marc*, 2021.
Francis LAPIERRE, *La Bible est née en Samarie. Les deux récits de la Torah*, 2021.

Didier Mellière

Tous ces catholiques qui ont déserté l'Église...

comment leur donner envie de revenir ?

Du même auteur

Homélies et Prises de Parole Publiques – 30 Exercices pour se Perfectionner, Salvator, 2018 – Imprimatur, Préface de Monseigneur Michel Aupetit.

© L'Harmattan, 2021
5-7, rue de l'École-Polytechnique – 75005 Paris
www.editions-harmattan.fr
ISBN : 978-2-343-23913-2
EAN : 9782343239132

REMERCIEMENTS

Je remercie en premier mon épouse, Gaëlle qui, après Isabelle (†), m'a soutenu et a assuré la partie technique de cet essai, ainsi que tous ceux qui – clercs et laïcs – ont nourri ma réflexion par la diversité de leurs observations, et particulièrement Alain-Serge Mescheriakoff pour sa relecture et ses conseils toujours pertinents.

Que trouvent aussi l'expression de ma reconnaissance *La Vérité des Chiffres* qui m'a autorisé à reproduire la Courbe des Ordinations ainsi que Yves Guézou et les éditions Salvator qui m'ont permis de reproduire les dessins humoristiques réalisés pour le livre *Homélies et Prises de Parole Publiques – 30 Exercices pour se Perfectionner.*

*La Bonne Nouvelle
est la joie d'un Père
qui ne veut pas
qu'un de ses petits se perde.*

(Evangelii Gaudium 237)

AVERTISSEMENT

Les citations sont en italiques.

PRINCIPALES ABRÉVIATIONS UTILISÉES

CEF – Conférence des Évêques de France, institution de réflexion et de partage d'idées qui ne peut émettre que des recommandations, chaque Évêque restant le seul chef dans son diocèse.

EG – Evangelii Gaudium, exhortation apostolique du Pape François (2013). Les numéros qui suivent indiquent les sections d'où sont extraites les citations.

LG – Lumen Gentium. Paul VI (1964). Ce texte est une des 4 Constitutions de Vatican II qui comporte par ailleurs, 9 décrets et 3 déclarations.

SOH – Service d'Optimisation des Homélies, fondé en 2007 par l'auteur, qui offre des ateliers gratuits d'entraînement à l'art oratoire aux prédicateurs, prêtres, diacres, séminaristes et laïcs.

TOB – Traduction Œcuménique de la Bible (d'où sont tirées les citations).

VD – Verbum Domini, exhortation apostolique de Benoît XVI (2010).

Les abréviations désignant les livres de la Bible sont celles communément utilisées.

Faire refleurir le désert

Lorsqu'on survole le Sahara, il arrive qu'au sein d'un interminable et monotone océan de dunes, surgissent des îlots de verdure dont les formes géométriques disent le combat des hommes. Ici, au temps de nos premiers ancêtres, poussait une forêt tropicale. Le réchauffement de la terre l'a réduite à quelques oasis. Cette implacable désertification se poursuit de nos jours : les derniers oueds se tarissent ; la vie se meurt. Or voici que, par endroits, des hommes par leurs efforts transforment les sables en jardins fertiles, démontrant ce que peut « la volonté ».

Les chiffres et la Fracture

Durant sept décennies, j'ai vu nos églises se vider dans des proportions dramatiques, les baptêmes se raréfier, des catéchismes s'arrêter, le nombre de prêtres diocésains autochtones être divisé par 10 et les vocations chuter au point qu'un prêtre est ordonné quand huit disparaissent ! Plus grave, la référence aux commandements du Christ a lentement laissé place à un humanisme géo-variable. La voix de la hiérarchie se perd dans l'indifférence. Non seulement l'Église Catholique n'attire plus mais, pour certains, elle est devenue un repoussoir.

Que sont devenus ceux qui l'ont désertée ? Environ un quart d'entre eux, ayant perdu toute foi, ont rejoint les rangs des athées, des adeptes des grandes sagesses, des agnostiques, ou des indifférents. Un autre quart se disent chrétiens mais ont gommé la référence catholique. Une bonne moitié se déclarent encore catholiques, mais ont pris leurs distances avec la hiérarchie. Pour eux, elle a trahi le Christ et ils vivent mieux leur foi loin des clercs. Leur position se résume en ces quelques mots : « Dieu, oui mais l'Église non ».

Il est manifeste qu'*une profonde fracture s'est creusée entre la hiérarchie et les simples baptisés.*

Comment en est-on arrivé là, alors que de tout temps - et aujourd'hui encore - l'Église réunit de véritables saints, des hommes au dévouement sans limites et des témoins fidèles jusqu'au martyr ? Comment est-on passé de l'image attractive de la première Église missionnée par le Christ à la fin de sa vie terrestre pour annoncer l'Évangile à toutes les nations, à celle de l'Église actuelle ? Qui en est responsable, l'Institution momifiée dans des traditions contextuelles, les clercs au comportement autarcique, ou les laïcs par leur passivité ?

Devant un tel décrochage, on pourrait penser que tous les acteurs du Peuple de Dieu se mobilisent fortement pour explorer les causes profondes de ce délitement et trier, à la lumière de l'Esprit Saint, entre celles qui nous échappent et celles que nous pouvons contrôler. Ainsi font toutes les institutions humaines qui ont « envie » de se redresser. La part humaine de l'Église ne devrait-elle pas en faire autant ?

Institution humaine, l'Église ? Que ceux qui s'indignent veuillent bien relire ces deux textes du concile Vatican II : *Cette société organisée hiérarchiquement d'une part et le corps mystique d'autre part, l'ensemble discernable aux yeux et la communauté spirituelle, l'Église terrestre et l'Église enrichie des biens célestes ne doivent pas être considérés comme deux choses : elles constituent au contraire une seule réalité complexe,* **faite d'un double élément humain et divin** (LG 8). Cet élément humain fait que, non seulement l'effort de réforme n'est pas rupture avec sa nature mais il en découle : *Toute rénovation de l'Église consistant essentiellement dans une fidélité plus grande à sa vocation, c'est dans cette rénovation que se trouve certainement le ressort du mouvement vers l'unité. L'Église, au cours de son pèlerinage, est appelée par le Christ à cette réforme permanente dont elle a continuellement besoin en tant qu'institution humaine et terrestre*[1].

Il est donc dans la nature de l'Église de se *rénover* – et Elle l'a fait à de multiples reprises au cours de deux millénaires.

---

[1] *Unitatis Redintegratio*, 6 – Décret du concile Vatican II (1964).

Or actuellement en Occident et particulièrement en France, il ne reste que cendres et braises. Étonnant contraste avec d'autres continents où d'autres affirment leur foi... au risque du martyr. Les quelques îlots, çà et là, où la flamme reste bien vivante ne doivent pas occulter l'ampleur de la désertification.

On s'attendrait à ce que devant la gravité du désastre, l'effort de réforme soit devenu la priorité en Occident. De quel désastre parlez-vous ? Une partie de ceux qui sont restés dans l'Église ne voient même pas de quoi on parle alors que les chiffres et les courbes sont sans appel : l'Église s'est tellement rétrécie qu'on peut se demander si elle ne va pas vers son extinction (Tableau page 16 et figure page 17). Pourquoi se réformer ? Tout n'est-il pas la conséquence des idées de notre époque ?

Les membres de la hiérarchie et les laïcs engagés à qui j'ai fait part de ma préoccupation, ont réagi de façons très contrastées : certains m'ont exprimé leur accord et leur vif désir de rénover notre Église, tout en déplorant leur absence de vision sur ce qu'il serait possible de faire ; la plupart ont nié tout problème, arc-boutés sur ses succès et fermant les yeux sur les foules qui l'ont quittée ; certains m'ont reproché de donner du blé à moudre aux ennemis traditionnels de l'Église ou de faire fi de l'Esprit Saint. Certains ne me parlent plus. D'autres ont tenté de me réduire au silence par des calomnies... Pour eux, « critiquer la composante humaine de l'Église, c'est critiquer le Christ ; quant à ceux qui la quittent, Dieu les jugera ».

Un catholique peut-il rester insensible au fait qu'en France, le sel se soit tellement affadi que moins de 4 % des catholiques continuent à fréquenter les églises (la proportion est très inférieure chez les jeunes) ? Indifférent lorsque les pasteurs ne sont plus écoutés alors que tant de personnes sont en recherche de repères ? Passif quand les projections à partir des effectifs des séminaires ne prévoient dans une décennie que 2 200 prêtres pour toute la France, soit un pour 30 000 Français [2] ?

---

[2] Certes ils sont épaulés par des missionnaires venus d'autres pays, notamment d'Afrique sub-saharienne, mais on en sait les limites dues aux différences linguistiques et culturelles et ce recrutement risque de diminuer car l'attrait de la prêtrise dans ces pays devait beaucoup à l'absence d'autres voies pour s'élever matériellement et intellectuellement.

La barque coule. Le Christ ne serait-Il plus avec son Église ou attend-Il qu'elle la redresse au lieu de se contenter d'écoper ?

Tableau 1
Les chiffres en France

La proportion de ceux qui se disent catholiques a chuté de 69 % en 2002 à 56 % en 2013, mais si on considère les jeunes actifs, moins de 25 % déclarent adhérer au catholicisme[3].

Le taux des baptêmes rapporté aux naissances a diminué de 93 % en 1960, à 32 % en 2013 (avec seulement 11 % des baptisés qui se font confirmer).

La participation aux messes dominicales qui était en moyenne de 45 % des adultes en 1960, s'est effondrée à 4 %. Quatre-vingt-seize % de ceux qui se disent catholiques n'y vont plus, faute d'y trouver une nourriture spirituelle incitative.

Le clergé diocésain s'est réduit de 50 000 prêtres autochtones, dans ma jeunesse, vers 1950, à moins de 5 000 actuellement (âgés de moins de 75 ans). Cet effectif est heureusement renforcé par de nombreux prêtres retraités qui restent toujours actifs et par 2 000 prêtres venus de pays étrangers (parmi ces derniers, la moitié provient d'Afrique) auxquels s'ajoutent des étudiants étrangers.

Le nombre d'ordinands diocésains autochtones s'est effondré de plus de 500 par an en 1960 à moins de 100 (si on ne retient pas les étrangers et une trentaine destinée aux ordres religieux). Le taux de remplacement est d'un seul prêtre ordonné pour 8 qui disparaissent.

Le catéchisme n'est plus enseigné dans de nombreux villages de France et est considéré comme un objectif de second rang dans trop d'établissements catholiques sous contrat.

---

[3] La plupart des chiffres de cette étude sont tirés des quotidiens suivants : La Croix, Zenit (Le monde vu de Rome) et Aleteia, ainsi que du livre de Guillaume Cuchet que nous citerons plus loin. Dans l'enquête sur les croyances religieuses des 16-29 ans en Europe, publiée par La Croix le 21 mars 2019, la situation diffère selon les pays : en France, 23 % adhèrent au catholicisme, 2% sont protestants, 10% sont musulmans et 64 % sont sans religion. Dans cette génération, il y aurait autant de pratiquants musulmans que catholiques (13 et 15%).

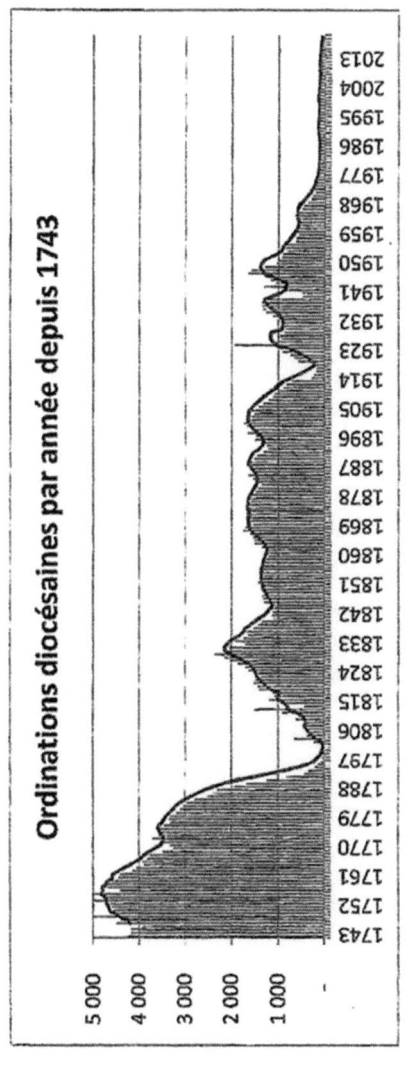

NB : avant 1789, la courbe comprend les ordinations de religieux, toutefois très minoritaires.

La courbe des ordinations en France reflète la vitalité de l'Église avec un retard d'une quinzaine d'années.

Avec l'aimable autorisation de « La Vérité des Chiffres »

L'absence de réaction des catholiques

Devant l'ampleur de cette désertification, que font les baptisés ou plutôt la hiérarchie puisque l'essentiel des décisions est entre ses mains ? La plus grande partie poursuit frileusement son chemin comme si rien ne se passait. Il a fallu plus d'un demi-siècle de révélations successives des scandales sexuels de nombreux prêtres, évêques ou moines, de tous pays, parfois exerçant une profonde autorité spirituelle, pour qu'elle édicte des lois correctrices de ces déviances et s'intéresse enfin aux victimes. Mais le lien entre ces déviances et l'état d'esprit des clercs engendré par la conception organisationnelle de l'Église n'a guère été évoqué que par les victimes laïques ou religieuses. Incapacité à se remettre en cause ou déni volontaire ?

Pourtant, même s'ils n'ont proposé jusqu'ici que des remèdes répondant à l'urgence, le Pape et certains évêques ont bien conscience du fait que la crise va bien au-delà. Dès qu'on creuse un peu les causes de cette faillite, elles se répartissent en trois principaux thèmes : défauts de gouvernance, insuffisance de formation et désinvestissement de la mission d'annonce.

Lorsqu'en 2019, une partie de la cathédrale de Paris s'écroula dans les flammes, l'archevêque écrivit : *Nous sentons bien que nous n'aurons pas seulement à rebâtir notre cathédrale mais à reconstruire aussi notre Église dont le visage est si blessé.* Peu après, le quotidien catholique La Croix ouvrit une enquête sur les sentiments de ses lecteurs, sous le titre « Réparons l'Église ». Le déluge de cris de souffrance et de tristesse [4] qu'elle recueillit en est une exceptionnelle photographie. Mais ce qui aurait dû être considéré comme une mine pour progresser fut vite étouffé. En témoigne le canyon qui sépare les témoignages initialement publiés et le livre qui prétend les analyser[5]. Dans la suite, les dirigeants des grandes institutions catholiques françaises se réunirent en un mouvement intitulé « Promesse d'Église » pour réclamer une plus grande participation des laïcs à sa gouvernance. La CEF les reçut en novembre de la même année. Première étape ou manière de les contrôler ?

---

[4] La Croix, 4 novembre 2019. On en trouvera des extraits au chapitre II.
[5] Dominique Greiner, *Réparons l'Église*, Bayard, 2020.

Lorsqu'en février 2020, le Pape François annonça un synode sur la synodalité (mots qui en grec signifient marcher ensemble) avec trois objectifs : *communion, participation et mission*, la hiérarchie française resta muette. Au Vatican, la Congrégation des Évêques (ministère les régissant) verrouilla [6] en rappelant que la gouvernance est le domaine réservé du clergé, sans distinguer les niveaux concrets de décisions, et que le rôle des laïcs se limite à la simple exécution. Comme si au cours des deux millénaires, les laïcs n'avaient pas largement contribué à répandre l'Évangile par leurs initiatives et leur courage, parfois en l'absence de tout clergé.

Benoît XVI et François (notamment dans Evangelii Gaudium), n'ont cessé d'insister sur l'importance de leur participation à l'élaboration des décisions pour de nombreuses raisons : les laïcs ont des perceptions directes des divers milieux que peuvent ne pas avoir les clercs plus éloignés, ils apportent leurs compétences et expériences spécifiques et surtout, ils se mobilisent d'autant plus qu'ils auront participé aux choix. En mai 2021, devant le peu de réactions à son annonce du synode sur la synodalité, François décida d'en allonger la préparation et de la scinder en trois étapes, diocésaine, continentale puis universelle (centralisée et ecclésiale).

Cinq raisons d'écrire cet essai

Cinq raisons : quatre urgences et une certitude.
• D'abord l'urgence d'ouvrir les yeux de ceux qui, parmi les jeunes, n'ont pas connu cette évolution et n'ont donc pas conscience de la gravité du décrochage.
• Ensuite celle de faire comprendre les raisons profondes qui ont abouti à ce que l'Église donne à beaucoup « l'envie » de la quitter, sans s'arrêter à quelques sujets hautement médiatisés (le mariage des prêtres ou la cléricalisation des femmes) et en levant les ambiguïtés qui conduisent à des discussions stériles (Non ! Lorsque des laïcs demandent à être informés et à

---

[6] La Conversion pastorale de la communauté paroissiale au service de la mission évangélisatrice de l'Église – document de la Congrégation des Évêques, juillet 2020.

participer aux décisions de leur paroisse, ce n'est pas pour prendre la place de leur curé !).

• Puis l'urgence que chacune des trois composantes de l'Église, la Hiérarchie, les clercs et les laïcs, prenne conscience de sa part de responsabilité, chacune ayant trop tendance à ne voir que celles des autres.

• Enfin l'urgence d'attirer l'attention sur des causes profondes qui, en dépit de leur rôle dans la désertification, ont peu de raisons d'être étudiées lors du prochain synode sur la synodalité. L'une d'elles est la sous-formation des catholiques qui joue un rôle majeur dans les décrochages et qui découle des choix de l'Institution par un engrenage de mécanismes sur lesquels nous reviendrons.

Reste la certitude. Aucune désertification n'est irréversible surtout lorsque c'est nous les hommes qui en sommes - en partie - responsables par nos négligences, nos erreurs, notre apathie. Oui l'Église peut redevenir exportatrice de la Révélation, lumière pour les consciences et créatrice de Joie. Mais cela implique de la rénover et que nous relevions nos manches pour qu'elle retrouve sa dynamique initiale ! La foi implique la confiance. Faire refleurir le désert dépend - en partie - de notre volonté. Cette volonté « sous le regard de l'Esprit Saint » qui a lancé sur les routes pour annoncer la Bonne Nouvelle, Philippe, Paul, Pierre puis des milliers d'inconnus, notre foi nous conduit à la partager.

Telles sont les cinq raisons de cet essai. Mon expérience fut acquise au cours de quatre décennies de chirurgien-enseignant et d'une cinquième à la direction d'un service d'entraînement à la communication orale pour les prédicateurs afin que leurs homélies soient davantage écoutées, comprises et fructueuses. Durant ma carrière hospitalo-universitaire, j'ai côtoyé des milieux très différents sur lesquels je reviendrai plus loin, dont beaucoup d'athées et d'agnostiques, ainsi que de personnes en recherche de sens. Pourquoi l'Église ne répondait-elle pas à ceux-là ? L'importance des choix d'objectifs et des structures m'est apparue lors de mes contributions à plusieurs réformes de l'enseignement médical. Des changements radicaux étant particulièrement urgents, ma connaissance de ce qui marche dans d'autres éducations et dans d'autres religions me permet de proposer des pistes souvent négligées chez les catholiques.

J'ai ensuite rencontré de nombreux clercs et des évêques, y compris au Vatican, avec qui j'ai pu discuter de ces sujets. Cet essai est le fruit de cette double expérience.

Son plan et les questions soulevées

Contrairement aux nombreux livres qui ont suivi la médiatisation des scandales sexuels, celui-ci n'a pas l'ambition d'apporter des solutions : c'est à chaque acteur de l'Église de les construire « individuellement et communautairement ». En revanche il prône une méthode de travail différente de ce qui est fait habituellement en essayant d'améliorer ce qui marche. La seule démarche efficace consiste à analyser rigoureusement tous les dysfonctionnements susceptibles d'avoir eu un effet « repoussoir », à en explorer les causes puis à déterrer les racines de ces causes, pour les corriger une à une.

Dans cet essai, j'ai choisi de commencer par rapporter les dysfonctionnements que j'ai observés (chapitre 1) pour mieux faire comprendre leur nature, éviter les interprétations erronées et montrer qu'il n'était pas besoin d'être prophète pour en prévoir les conséquences. Le chapitre 2 creuse leurs racines. J'analyserai ensuite ce qui est de la responsabilité de l'Institution (chapitre 3), des clercs (chapitre 4) et des laïcs (chapitre 5), non pour sombrer dans les autocritiques stériles mais pour lister ce qui peut et doit être amélioré. Je terminerai par deux questions : la hiérarchie a-t-elle vraiment « envie » de donner à nouveau « l'envie » de rejoindre l'Église aux foules qui l'ont quittée ou sont en voie de le faire ? Pour une partie de ses responsables, s'ils ne le voulaient pas, ils ne s'y prendraient pas autrement. Alors que dans un contexte de mondialisation et d'hyper-connexions, les énormes changements du monde, des modes de pensée et des modes de vie n'ont cessé de s'accélérer, n'est-il pas urgent de faire un nouvel aggiornamento ? Une réforme en profondeur est-elle possible sans un Vatican III réunissant des évêques du monde entier comme ce fut le cas pour Vatican II ?

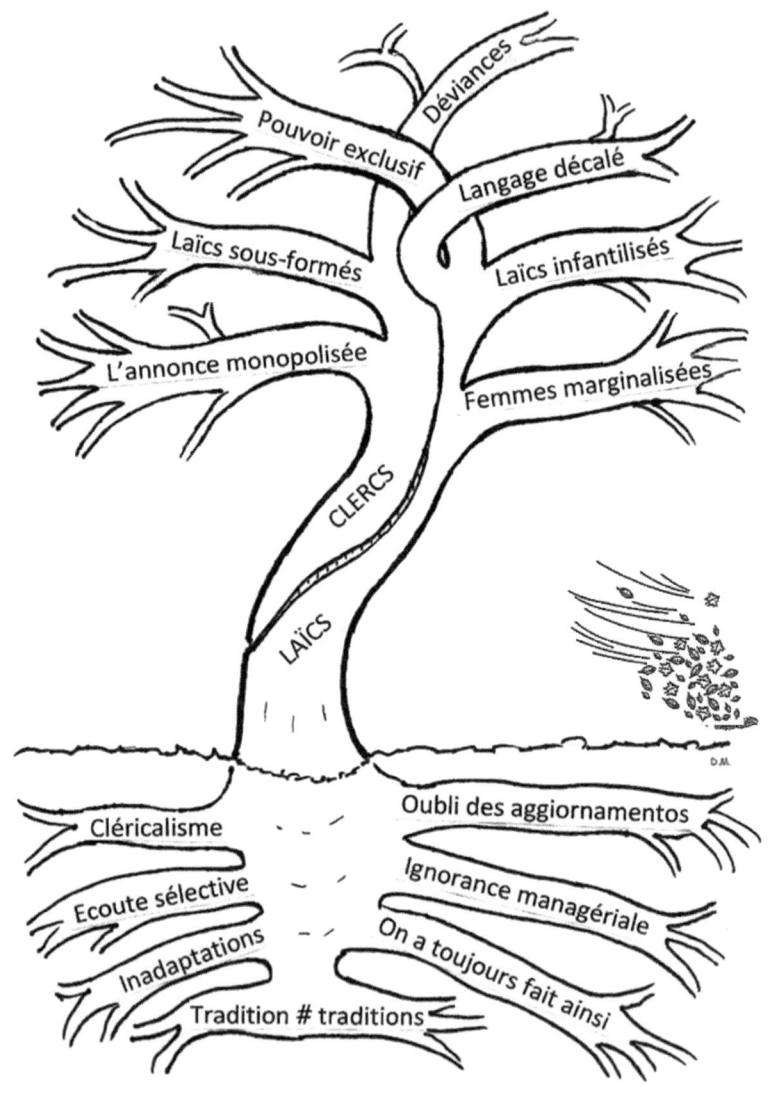

I

Les carences dont je fus témoin

Le fait que le décrochage de tant de catholiques à cause de dysfonctionnements manifestes me soit insupportable, m'autorise-t-il à les décrire alors que je ne suis qu'un chirurgien-universitaire et que beaucoup d'autres mieux placés que moi ont analysé les maladies de l'Église et proposé des traitements ? Mon attachement profond au Christ, à ses prêtres et à son Église, m'autorise-t-il à risquer de les déstabiliser davantage ?

Le chirurgien en lutte contre les maladies artérielles et la mort, sait que toute complication grave doit servir à en éviter chez les malades suivants : la confiance en l'Esprit-Saint va de pair avec ce travail permanent d'évaluation pour se perfectionner et augmenter la sécurité. Le chef de service hospitalier sait combien, au lieu d'en faire un instrument de progression, certains se réfugient dans des excuses hors de propos. L'enseignant sait tout ce qu'il faut d'efforts pour éviter les mauvaises interprétations et transformer les convictions en actes. Le chercheur sait que les causes d'une maladie sont le plus souvent multifactorielles et que chacune plonge ses racines dans d'autres causes. Enfin celui qui a lutté pour l'amélioration des études médicales et des hôpitaux sait la difficulté qu'ont les « petits » à faire remonter leurs problèmes et leurs souffrances jusqu'aux « responsables » si personne ne leur sert de relais.

Ayant été un témoin privilégié du fait d'expériences particulières - la première au contact de la souffrance, à une encablure des clochers dans ce qui aurait dû être considéré comme une terre de mission ; la seconde au cœur de l'Église - n'est-il pas de mon devoir de dire la vraie nature des failles que j'ai constatées afin d'aider aux changements nécessaires et d'éviter qu'on ne s'égare sur de fausses pistes ? N'est-il pas de mon devoir aussi de transmettre les cris de ceux qui n'ont pas la possibilité de se faire entendre, ces confidences qui me furent confiées d'autant plus que je n'ai jamais caché ma foi, sans ostentation ni respect humain, ni irrespect de celle des autres ? N'est-il pas de mon devoir de dire les raisons de l'anticléricalisme bien argumenté des uns, du désintérêt progressif d'autres et du découragement de catholiques-engagés devant le comportement de ceux qui étaient chargés de les dynamiser ? Ma foi implique la confiance en Dieu et celle en la capacité de son Église à se réformer. Serait-ce aimer l'Église que se taire ?

Pleurer ou agir ?

On peut se contenter de pleurer. Mais est-ce en pleurant qu'on renverse le cours des choses ? La réponse m'est apparue, durant ma jeunesse, au cours d'un drame en trois actes, qui a décidé de tous mes engagements.

Le premier eut lieu, sous l'occupation allemande durant la Seconde Guerre mondiale. Âgé de cinq ans, je côtoyais dans notre impasse parisienne, des gamins de mon âge. Quel choc, en 1942, d'en voir arborer l'étoile jaune ! Quelque temps après, en face de chez nous, leurs appartements furent abandonnés, les volets ouverts, sans personne ! Mon père me dit que la police les avait embarqués au petit matin pour on ne savait où. La brutalité de leur déménagement laissait présager le pire. Une amie assistante sociale nous raconta Drancy[7]. « Papa, comment empêcher cela ? » Gravement, il me répondit : « Maintenant c'est trop tard. Il y a très longtemps qu'on aurait dû faire quelque chose. »

Le deuxième acte eut lieu en 1960. À 23 ans, appelé au service militaire comme médecin, je choisis l'Algérie alors ravagée par la guerre : j'avais envie de comprendre pourquoi on en était

---

[7] De 1941 à 1944, 67 000 hommes, femmes et enfants juifs, étrangers ou français, furent internés dans ce camp avant d'être déportés vers des camps d'extermination. Moins de 2 000 ont survécu.

arrivé là. Durant les premiers mois, sur le terrain, j'assistai, impuissant, à quelques tortures, viols et exécutions sommaires. Chacun, dans chaque camp, avait bonne conscience… De notre côté, devant un ennemi qui n'avait pas d'autres armes que la barbarie, ces exactions semblaient inévitables. Suite d'une longue histoire[8]. Je me souvins du « trop tard » de mon Père. Ces deux drames m'ont conduit, durant toute ma vie, à ne jamais me résigner et à toujours essayer d'anticiper.

J'étais prêt pour le dernier acte. En mai 1962, la fin de cette guerre approchant, à la tête d'une antenne chirurgicale, je fus confronté au manque de sang pour les opérations des blessés ennemis et des malades civils : les donneurs civils (principalement des européennes) avaient fui en Hexagone et l'armée exigeait que le sang prélevé sur les militaires français leur soit réservé. Pour l'anesthésiste, le transfuseur et moi, le seul recours était de demander aux soldats ennemis d'en donner. Ce projet semblait irréalisable car il nécessitait les accords de l'armée française et du FLN. À ma surprise, cette « utopie » réussit et nous pûmes continuer à opérer.

J'acquis alors la conviction que chaque fois que nécessaire, il faut agir, quels que soient les risques encourus. Si la réussite n'est pas assurée, l'inaction garantit que rien ne changera.

Mes années de collège et l'absence de débats

Ma famille, pratiquante par conformité sociale plus que par conviction, avait confié mon éducation à un collège jésuite renommé pour l'excellence des résultats. Je lui dois une véritable fascination pour le Christ, sa vie et son enseignement. Je pris tôt l'habitude de consacrer un peu de mon temps à mieux le connaître, lui et son Église. Je me nourrissais du Nouveau Testament dont je soulignais les passages importants pour les retrouver plus facilement et de l'Histoire de l'Église que je scrutais pour comprendre la raison d'être des dogmes catholiques. Par ses ajouts, sous prétexte d'approfondir, avait-

---

[8] La relation la plus objective, la moins partisane et la mieux documentée me semble être celle de Jean Sévillia : *Les Vérités Cachées de la Guerre d'Algérie*, Fayard, 2018.

elle modifié le message initial ? Plus attiré par Saint Paul et Blaise Pascal que par les jeux, j'avais une envie forcenée de comprendre et de n'adhérer qu'à ce que j'avais compris et choisi. Je ne pouvais prier qu'un Être que je connaissais intimement. Quel autre moyen de le connaître que le témoignage de ceux qui l'avaient suivi ?

J'étais surpris de voir certains de mes camarades prier le Christ sans trop creuser qui il était vraiment. Le principal fondement de leur pratique me semblait d'être nés en cette partie de la planète. Nés ailleurs ils auraient aussi bien prié Allah, Shiva ou Guanyin. Cette insuffisance de connaissance intellectuelle me laissait présager une grande fragilité de leur foi à la moindre attaque raisonnée et un passage rapide à l'agnosticisme et au relativisme, ce qui se confirma trop souvent par la suite.

Vers la fin de mon parcours dans ce collège, je me heurtai à trois difficultés. La doctrine était présentée comme une évidence ne souffrant aucune discussion, alors qu'elle avait manifestement été élaborée lentement au cours des siècles par l'élimination d'autres propositions qui eurent d'honnêtes défenseurs, à la suite de nombreuses et douloureuses tensions, d'oppositions contextuelles, de déviances, de recherches de consensus (par exemple, le dogme de l'Assomption était présenté comme une évidence, en accord avec la pensée de « tous » les Pères de l'Église, ce qui était faux). Ensuite les comportements de certains enseignants m'apparaissaient peu conformes à l'Évangile (notamment en matière sexuelle). Surtout je souffrais de l'absence de débats sur des questions sociétales ou doctrinales : je me sentais formaté par un système dogmatique ignorant de tous les autres et j'éprouvais la soif d'acquérir de sérieuses raisons pour adhérer au catholicisme plutôt qu'aux autres. J'essayais de trouver dans l'étude de l'Histoire de l'Église des arguments pour ne pas la rejeter.

Aussi, à l'orée de la terminale, tandis que d'autres tremblaient d'être renvoyés, je demandai à migrer dans un lycée public, lui aussi renommé. On tenta de m'en dissuader : venant d'une école catholique, je risquais d'être mal noté et d'être recalé au baccalauréat. En vain. D'une certaine manière j'y trouvai une autre pensée avec un professeur de philosophie passionnant, mais lui aussi doctrinaire dans son athéisme intolérant. J'acquis auprès de lui, un vif intérêt pour les philosophes grecs, non pas tant pour leurs idées que pour leur esprit d'écoute et de recherche, leur manière d'éduquer par des débats permanents et la diversité des propositions discutées : une doctrine prédigérée ne pouvait remplacer l'approfondissement et le libre choix parmi la multitude des idées soupesées dans les dialogues de Platon. Alors que dans ce lycée, je ne trouvai pas davantage de place pour le débat, plus j'explorais les autres systèmes de pensée, plus j'admirais le Christ et son enseignement.

Chez les jésuites, ce n'était pas le contenu de l'enseignement qui m'avait rebuté mais l'insuffisante place pour la discussion des autres convictions. Sans débat, l'intelligence ne peut approfondir la finesse, comparer avec les autres doctrines et finalement choisir. Ces étapes sont indispensables à une adhésion en profondeur. J'avais le sentiment que leur absence était l'origine de la fragilité des convictions de beaucoup de mes condisciples et du peu d'influence de leur foi sur leur vie quotidienne. Nous recevions beaucoup mais il manquait le labourage en profondeur de la matière donnée et la confrontation avec les doctrines concurrentes. La salle de classe héritée des Romains assénait la vérité indiscutable alors que Socrate et Jésus la faisaient découvrir à leurs disciples en sollicitant leur réflexion par beaucoup de questions (« De quoi discutiez-vous en chemin ? ») et des paraboles, en écoutant patiemment leurs errances (« Est-ce aujourd'hui que tu vas rétablir le royaume d'Israël ? ») et en les aidant à formuler leurs propres réponses. Depuis deux millénaires, l'enseignement était devenu passif. Il y avait bien eu un retour aux questions et débats, durant le Moyen-Âge, peut-être sous l'influence des talmudistes. Mais pourquoi laisser les élèves parler quand il leur suffisait d'apprendre par cœur ? Ce n'est qu'à la fin du deuxième millénaire qu'on redécouvrit que la pensée qui se forme dans la tête d'un étudiant s'y enracine beaucoup plus profondément que celle qu'on lui inculque sans faire appel à sa réflexion. Et que cela implique une attitude bien différente de la part des enseignants. Ce principe, largement utilisé dans les grandes écoles depuis un demi-siècle, échappe encore à trop de clercs. Si chaque temps d'enseignement avait été suivi d'un temps de débats, il est probable que la proportion de mes condisciples devenus à la fin de leurs études, agnostiques, ou indifférents à toute religion, voire anticléricaux, aurait été moins importante.

Les études médicales et l'Église repliée sur elle-même

Attiré par le métier de chirurgien qu'exerçait mon père, tant en raison des niveaux d'exigence décisionnelle et de perfection du geste, que par ses aspects relationnels et humanitaires, je m'inscrivis en médecine (en 1953). En pleine guerre froide, malgré tout ce qu'on commençait à savoir sur le mode de fonctionnement des régimes communistes, des groupes d'étudiants déterminés battaient le pavé par tous les temps à la porte de la faculté, pour vendre des journaux communistes et endoctriner les nombreux étudiants dépourvus de conviction personnelle ou habités par la juvénile soif de détruire la société qui les avait engendrés. La plupart des étudiants issus de milieux catholiques évitaient tout contact et toute discussion, sans réfléchir aux conséquences de l'absence de contradiction publique : les seuls apôtres étaient les détracteurs du Christ et de l'Église.

Ayant eu la chance que ma candidature soit retenue à l'aumônerie catholique, très sélective, je m'en ouvris au jésuite qui la dirigeait. Sa réponse fut directe : « Ne perdez pas de temps avec ces gens-là. Mieux vaut bien former la petite communauté catholique » qu'il comparait au « petit reste » d'Isaïe. C'était fermer les yeux sur le fait qu'une grande partie des inscrits à l'aumônerie avaient posé leur candidature non pour son encadrement spirituel, mais pour ses préparations aux concours qui augmentaient considérablement les chances de réussite. Je lui suis très reconnaissant pour la formation biblique que j'y reçus, les rencontres entre étudiants dans une atmosphère chaleureuse et constructive ainsi que pour les messes très vivantes. Celles-ci contrastaient avec les ennuyeuses célébrations de ma paroisse où la foule se pressait par peur de l'enfer : tandis que le prêtre célébrait en latin, certains essayaient de suivre dans leurs missels en se repérant aux premiers mots de chaque prière (les seuls à être prononcés à haute voix), des femmes égrenaient leurs chapelets, beaucoup rêvassaient ou somnolaient. Sans cette aumônerie et la paroisse de Saint Séverin, où le curé (le Père Conan) devançait les réformes d'après Vatican II, j'aurais probablement abandonné toute pratique.

Si ce travail en profondeur obligeait à limiter le nombre d'étudiants fréquentant l'unique aumônerie, les conséquences négatives de l'exclusion des autres étaient consternantes et je ne comprenais pas comment ce jésuite conciliait les bras ouverts du Christ avec le rejet arbitraire d'une partie des étudiants catholiques demandeurs d'accompagnement spirituel[9]. D'autant que les communistes, maquillant l'enseignement du matérialisme dialectique sous le fard de la justice sociale, faisaient des adeptes, y compris parmi les catholiques. Je suis persuadé que cette politique d'inscription sélective et l'absence des catholiques sur le terrain public ont largement contribué à l'expansion de l'athéisme chez plusieurs générations de médecins.

Avec un petit groupe d'amis, nous lisions et relisions « L'Église en état de mission » de Mgr Suenens[10], où nous méditions les appels des Papes Pie XI et Pie XII sur *l'urgence et la nécessité du devoir universel d'apostolat* ainsi que du cardinal Feltin : *C'est l'Église tout entière qui doit se mettre en état de mission.*

Lorsque avec quelques amis, nous trouvions le temps et le courage d'affronter les communistes à la sortie des cours (la plus courageuse d'entre nous vendait même un journal catholique), des étudiants venaient nous poser des questions[11]. Il n'était pas aisé de déconstruire l'accusation selon laquelle nous défendions de manière déguisée le capitalisme. Nous manquions de la plus élémentaire formation. Nous avons été aidés par un missionnaire sorti d'un long emprisonnement dans les geôles chinoises, les documents d'un laïc qui enseignait la théologie et

---

[9] Six décennies plus tard, cette pratique était toujours en vigueur, puisqu'une de mes petites filles ne fut pas acceptée, alors qu'elle consacrait une part importante de son temps à l'organisation de soirées de prière et à l'encadrement des jeunes scouts.

[10] Desclée de Brouwer, 1956.

[11] En 1959 à Châteauneuf-de-Galaure, nous demandâmes à Marthe Robin de prier pour notre action d'évangélisation.

ceux du responsable de l'aumônerie des étudiants des autres disciplines[12].

Ma foi était bien accrochée mais comment ma confiance en la capacité des prêtres à fixer les bons objectifs en matière de mission n'aurait-elle pas vacillé ? La plupart d'entre eux évitaient tout affrontement comme si la réalité ne les concernait pas ! Autour de moi beaucoup d'amis avaient décroché ou étaient en train de le faire. Ils avaient eu beau faire « la totale », (entendez : catéchisme + communion solennelle + service de messe), ils n'avaient trouvé aucun sens à ces rites, aucune aide dans leur vie, aucun bonheur. L'Église s'était repliée sur elle-même.

La guerre et l'Église silencieuse

En 1960, le service militaire durait deux ans. La guerre d'Algérie était à son apogée et le général de Gaulle ne cessait de répéter que nous n'abandonnerions jamais ce morceau de France et ses colons. Je savais seulement qu'après avoir été un des principaux greniers alimentaires des Romains, ce pays s'était endormi durant plus d'un millénaire dans la torpeur, les rezzous meurtriers et l'occupation ottomane, jusqu'à sa remise en valeur par les colons. Ce n'est que bien plus tard, en arrivant en Provence, que j'appris que sa conquête, 130 ans plus tôt, avait mis fin à un millénaire d'incursions sarrasines périodiques dans nos régions méditerranéennes avec leurs cortèges de pillages, de destructions, de meurtres et d'enlèvements d'esclaves et de femmes pour les harems. Au point que la principale richesse d'Alger provenait de « la guerre de course »[13]. Ces drames à l'ampleur ignorée des Français du Nord, sont restés dans la mémoire de ceux du Sud. À l'inverse de cette image négative, je devais découvrir des populations attachantes et d'une grande diversité.

---

[12] Le Père Dufay qui venait de publier *En Chine, l'Étoile contre la Croix* (Casterman, 1954), Jean Daujat, qui avait écrit un opuscule *Connaitre le Communisme* (La Colombe, 1954) et Mgr Charles.
[13] Cf. *supra*, 25, note 8, Jean Sévillia.

Après une brève formation à l'École d'Officiers de Réserve, puis trois mois sur le terrain en secteur opérationnel où je vis le meilleur et le pire, je fus affecté à une antenne chirurgicale installée dans un hôpital public en Kabylie. Locaux et équipements n'avaient rien à envier à ceux de la métropole. Arrivé avec un bagage théorique mais peu de pratique, j'y acquis une large expérience en chirurgies civile et militaire. En cette période où les jeunes appelés étaient fréquemment confrontés à la mort [14] et à toutes les questions qu'elle soulève à vingt ans, l'Église était si discrète qu'elle semblait muette. Pourtant les besoins étaient immenses. Pourquoi ? Marge de manœuvre limitée dans un contexte explosif ? Défaut d'adaptation ? Manque de vision ?

Au terme d'un an d'activité chirurgicale intense, je fus confronté au manque de sang que j'ai raconté plus haut. J'eus à convaincre d'abord l'autorité militaire française, puis Mohand Oulhadj, le commandant d'en face, et ses oulémas. Pour cela, j'eus besoin de m'initier sommairement au Coran. J'ai regretté que l'Église ne m'en ait rien enseigné[15].

Deux mois avant l'indépendance de l'Algérie, les harkis furent désarmés, ce qui les livrait inévitablement aux vengeances, à la torture et aux massacres[16]. Ces amis de la France s'étaient battus pour elle et pour la « civilisation », sur la foi de notre engagement et de nos promesses de protection. On nous interdit de les exfiltrer en métropole, alors que c'était leur seul moyen d'échapper à une mort atroce. Mon devoir d'homme et de chrétien me poussa à désobéir. L'Église resta silencieuse ou inaudible, tout au moins là où je me trouvais. Scandale !

---

[14] Cette « opération de police » (c'est ainsi que le gouvernement de l'époque nommait cette guerre) fut responsable de 25 000 morts parmi les militaires et d'au moins 300 000 chez les civils. Le niveau primaire où en étaient restés les tenants des deux camps expliquait de réciproques sentiments de supériorité et de mépris des autres. Éternel recommencement de l'Histoire !

[15] Bien plus tard, j'ai lu les nombreux livres de Henri de Saint Bon, notamment *Je te connais, moi non plus*, écrit avec un journaliste musulman, Saad Khiari qui dresse le parallèle entre les deux doctrines (FX de Guibert, Paris, 2006).

[16] Sur plus de 200 000 harkis, la moitié furent torturés et massacrés, souvent avec leurs familles ; moins d'un quart purent s'échapper en France.

Un demi-siècle au service des malades et les chrétiens muets

Durant les sept années qui suivirent, j'achevai mes études chirurgicales. Lors d'un séjour aux États-Unis, il m'apparut combien en France, l'enseignement médical était devenu inadapté aux besoins du temps et à l'augmentation du nombre d'étudiants. Les disciplines (anatomie, médecine, radiologie, chirurgie) impliquées dans une pathologie d'organe (par exemple le tube digestif ou le système cardiovasculaire) étaient enseignées au cours d'années différentes. Il en résultait des lacunes, des excès et des contradictions thérapeutiques. Je profitai de la grande remise en cause qui suivit « mai 68 » pour contribuer à un remodelage de l'enseignement qui consistait à réunir dans des modules consacrés à chaque pathologie d'organe ou de système, toutes les matières utiles. L'objectif était double : obliger les professeurs des disciplines complémentaires à se rencontrer pour harmoniser leurs dires et supprimer d'insupportables divergences ; faciliter chez les étudiants la compréhension et la mémorisation. Là encore, les chances d'acceptation par les autorités universitaires étaient faibles. Échappant à tout contrôle, les professeurs enseignaient ce qu'ils voulaient et certains crédits étaient liés au nombre d'heures de cours même si personne ne les suivait !

Recruté en 1969 par un CHU qui ouvrait à l'est de Paris (où je fis ensuite toute ma carrière de chirurgien-enseignant), j'eus la chance que son doyen m'autorise à mettre en place cette nouvelle organisation des études. Avec un ami, nous fondâmes une revue qui diffusa la méthode dans les autres facultés [17] et servit de modèle national pour les étudiants et les enseignants. Ce ne fut pas sans difficultés ni menaces sur ma carrière, mais la logique l'emporta. Au terme d'une commission ministérielle où j'étais le seul défenseur de ce nouveau programme, « l'enseignement par certificats » fut autorisé. Je visitai plusieurs facultés pour en expliquer les avantages et les modalités, et il devint progressivement la norme en France durant plusieurs décennies.

---

[17] *Les Cahiers Intégrés de Médecine*, publiés par Masson qui était à l'époque, le principal éditeur de livres médicaux.

Nommé professeur agrégé en chirurgie vasculaire en 1971, et à la tête d'un service hospitalier que j'ai créé, j'avais quatre responsabilités : les opérations (en effectuant avec mes adjoints 1 500 par an, je m'efforçais que chacun donne une égale importance au réconfort et à la qualité des résultats) ; l'enseignement de quatre niveaux d'études (des étudiants de base aux chirurgiens débutants), la recherche clinique (pour améliorer les techniques ou les choix thérapeutiques) et l'animation d'une centaine de collaborateurs, médecins ou soignants, aux intérêts souvent divergents (sans compter l'équipement, les budgets, etc.). Il restait bien peu pour ma femme et mes enfants.

Beaucoup de résultats chirurgicaux médiocres provenant de structures éducatives obsolètes, je bataillai pour la fusion des diverses voies de formation chirurgicale puis pour l'individualisation de la spécialité de « chirurgie vasculaire » avec des services dédiés et un enseignement spécifique. Dans la foulée je fondai le Collège de cette discipline qui organisa l'enseignement au niveau national. Les autres disciplines suivirent notre exemple. Là aussi il me fallut dépasser bien des résistances pour obtenir le consensus sans lequel aucune construction ne tient.

Mon métier m'amena à côtoyer des populations très différentes : des universitaires, dont certains de niveau international, les uns animés par « la foi athée » [18] et d'autres ouverts à la discussion, les plus influents dans les instances de décisions bénéficiant généralement de la réflexion et de la promotion maçonnique ; des médecins, la plupart agnostiques, les uns matérialistes-indifférents et d'autres heureux d'échanger sur le sens de la vie, mais aussi des juifs et des musulmans ; des étudiants dont beaucoup étaient à la recherche de repères ; des malades aux dispositions d'esprit très variées, allant d'un matérialisme primaire, à une quête de spiritualité et de sens ; enfin, des soignants, principalement des femmes, souvent

---

[18] Je désigne ainsi ceux qui honnêtement luttent contre les obscurantismes religieux faute d'avoir eu accès aux aspects profonds de la foi chrétienne et parfois à cause de comportements condamnables de la part des chrétiens.

heureux d'échanger dans les moments pénibles, comme après un décès imprévu. Une immense moisson attendait mais où étaient les moissonneurs ? Où était passé le clergé ?

L'aumônerie jésuite des étudiants en médecine était à Paris, à une heure en transport public ; nous n'avions aucun contact avec l'aumônerie étudiante du diocèse de Créteil située à proximité ; l'aumônier de l'hôpital était habituellement remplacé par l'affichage d'un numéro de téléphone fixe et quelques intermittents bénévoles qui rasaient les murs... Aucun prêtre ne cherchait à rencontrer les médecins catholiques du CHU pour établir un plan d'évangélisation commun. J'avais là encore l'impression d'un grand abandon. Quant aux rares médecins catholiques, ils pensaient témoigner par la seule exemplarité de leur vie pour trois raisons, le fait que la foi relevait du seul domaine privé, l'obligation réglementaire de laïcité dans les institutions publiques et une conception binaire du témoignage souvent enseignée par l'Église : aux clercs, la parole et aux laïcs, l'exemplarité dans les milieux de vie. Malheureusement la conduite de mes collègues catholiques était parfois bien moins admirable que celle de certains athées.

Or les occasions de témoigner discrètement de notre foi et de l'expliquer étaient fréquentes, notamment les interrogations suscitées par certains décès imprévus, les questions de bioéthique et les fréquentes attaques ou dénigrements contre l'Église. La plupart de mes amis catholiques baissaient la tête, invoquant la liberté de conviction. La vraie raison était qu'ils se sentaient insuffisamment armés du fait de la faiblesse de leurs connaissances et du manque d'habitude pour discuter calmement et fermement dans une attitude respectueuse des convictions opposées, alors que souvent nos contradicteurs avaient acquis cette compétence dans les loges maçonniques. Ainsi, les rares catholiques donnaient l'impression d'un troupeau peu porté à la réflexion, aux idées archaïques et ayant parfois honte de sa foi ou de l'Église. Je percevais chez leurs interlocuteurs un sentiment de commisération. N'hésitant pas à déclarer la source de mes idées, j'étais davantage respecté.

J'acquis l'intime conviction que pour que les catholiques présentent un témoignage crédible, il aurait fallu trois changements profonds : sortir de notre enfermement pour nous ouvrir à l'évangélisation ; augmenter considérablement le bagage intellectuel de ceux qui avaient fait des études en faisant largement appel à l'autoformation (dont la nécessité était sous-estimée par la majorité des clercs à qui j'en parlais) ; enfin, créer des espaces de discussion des problèmes du temps avec un regard chrétien, à l'image de ceux des loges maçonniques[19]. L'Église ne proposait que piété et œuvres caritatives mais très peu pour l'acquisition des bases intellectuelles de notre foi et des différences avec les autres convictions. Et ce peu était toujours sous forme passive, sans débats.

Prier ne pouvait suffire devant des réseaux de contradicteurs intelligents et motivés qui consacraient une partie de leur temps à se former, y compris aux méthodes de diffusion des idées. Une fois de plus nous étions muets ! Certains m'accuseront de méconnaître le pouvoir de la prière ou de néo-pélagianisme. Oui nous devions prier et avoir une vie exemplaire. Mais ne fallait-il pas aussi, chaque fois que possible, proposer le Christ et expliquer par une parole « intelligente » et « respectueuse des autres convictions », en ne négligeant aucune opportunité ?

Notre démission était une des raisons pour laquelle beaucoup s'éloignaient de l'Église.

L'éducation des jeunes et l'inefficience du catéchisme

Lorsque la retraite universitaire m'atteignit, peu avant 70 ans, marqué par le conseil prodigué par Léopold Senghor au cours d'un dîner intime[20], je quittai tout ce qui concernait les soins des corps pour me consacrer au service des âmes.

---

[19] Ceux qui existaient étaient rares ou limités à des secteurs professionnels, comme les EDC (entrepreneurs et dirigeants chrétiens), et les semaines sociales.

[20] À ma question sur la raison de sa démission spontanée de la Présidence du Sénégal, à l'opposé de l'attitude de son ami Georges Pompidou qui, comme j'avais pu l'observer lors de rencontres chez lui en week-end, s'était accroché alors qu'il était malade, il m'avait répondu : *Il y a quatre raisons de se retirer totalement : la gloire vaut mieux que le rejet qui inéluctablement surviendrait si vous restiez, vos compétences seraient rapidement dépassées, il faut laisser les plus jeunes prendre leurs responsabilités et vous avez sûrement d'autres choses importantes à faire.*

Durant cinq années j'animai un groupe de réflexion socratique dans deux aumôneries étudiantes. J'avais choisi l'année de terminale, parce que c'est celle des choix de vie. Je fus effaré par l'ignorance des textes fondateurs de jeunes sortant du catéchisme : lorsqu'on leur demandait de lire un passage de la Bible, certains en tournaient nerveusement les pages, comme s'ils ne l'avaient jamais ouverte. Et lorsque je leur demandais de surligner les passages importants, ils me répondaient ne pas vouloir dégrader un livre de la bibliothèque familiale. Nous explorions quatre thèmes pour lesquels nous cherchions les réponses du Christ : l'alcool, modèle des addictions, qui faisait des ravages chez les enfants des familles riches [21] ; le sexe, sujet brûlant à cet âge dans le contexte libertaire omniprésent ; la difficile conciliation entre l'agressivité commerciale et l'attention aux autres ; le sens de la vie et de la mort. Persuadés que le Christ était resté loin des questions pratiques, ils découvraient avec étonnement, la richesse insoupçonnée de son enseignement et s'initiaient à la patience que nécessite toute dégustation. C'était très gratifiant, notamment lorsque l'un d'eux s'exclamait : « ça y est, j'ai compris ! »

Ils apprenaient aussi à écouter leurs camarades au lieu de leur couper la parole ou d'élaborer dans leur tête une contradiction. J'espérais qu'ils prendraient l'habitude des dialogues respectueux et constructifs et continueraient à scruter périodiquement la Bible. Mais, au terme de cinq ans, non sans regret, je dus abandonner car une entreprise plus importante accaparait mon temps.

Douze ans au service des prêtres et la grande « Fracture »

Tout avait commencé lorsqu'un ami universitaire et athée, m'avait demandé d'assister à une messe « pour voir » : ma paroisse n'offrait qu'une liturgie tristounette et des homélies gentillettes et mon métier ne me laissait pas le temps de chercher mieux. Je fus heureux qu'il ne renouvelle pas sa demande.

---

[21] Le binge-drinking, c.-à-d. l'alcoolisation rapide et massive, était pratiqué par un jeune sur trois !

Heureux, mais honteux ! Peu de temps après, assis durant une homélie, derrière un ami chef d'entreprise, je le vis hausser les épaules lorsque le prêtre expliqua que Dieu « avait donné l'ordre » aux Hébreux d'exclure les lépreux[22]. Maladresse ou bêtise ? Enfin, dans une église parisienne fréquentée par des dirigeants d'entreprise et des cadres de haut niveau, une homélie fut d'un niveau si élémentaire que, les larmes aux yeux, ma femme me dit : « il me donne envie de sortir. » Trop d'homélies nous apparaissaient comme des occasions ratées. Nous étions consternés par leurs effets répulsifs sur les jeunes, les actifs, et tous ceux qui réfléchissaient.

Ayant passé quatre décennies à enseigner et à améliorer la formation des médecins (théorie, pratique et comportements) et conscient que les homélies étaient devenues pour beaucoup le seul lieu de découverte du Christ et de son enseignement, je savais que les attentes de mes contemporains n'étaient plus celles de la première moitié du XXe siècle. Et j'avais appris les secrets qui suscitent l'intérêt des auditeurs et gagnent les cœurs et les intelligences : le fond certes, mais aussi la manière de le transmettre, le choix d'un objectif précis, l'interactivité, les subtilités de l'expression orale. Je savais surtout qu'on ne peut progresser qu'en s'exerçant. Je proposai donc, en 2006, au vicaire général responsable de la formation permanente des prêtres du diocèse de Paris[23], de monter des ateliers d'entraînement à la communication orale. Avant le séminaire, il avait exercé la médecine générale durant une douzaine d'années : je lui parlai des homélies ; il me répondit sur la bioéthique... Je sortis persuadé d'avoir échoué. Mais un mois plus tard, il me demanda de commencer dès que possible.

En toute hâte, je recrutai et formai quelques amis catholiques choisis en raison de la pertinence et de la concision de leur parole. Je mis au point une session interactive de quatre demi-journées alternant théorie et exercices pratiques, gratuite et formatée pour trois prêtres. L'objectif était uniquement l'amélioration de la manière de communiquer. Nous abordions successivement les raisons sociétales et doctrinales de la perfectionner, la nécessité

---

[22] Lv 13 et 21, Nb 13.
[23] Monseigneur Michel Aupetit, qui par la suite deviendra archevêque de Paris.

de choisir un objectif précis et différent à chaque messe, la structuration du discours pour le rendre attractif, compréhensible, mémorisable et convaincant, et enfin les outils d'expression orale : le regard, les variations vocales, la gestuelle et les expressions du visage. Incités par ce vicaire général, les prêtres inscrits faisaient preuve d'une véritable envie de progresser. L'introduction de la vidéo permit aux inscrits de découvrir que l'image qu'ils transmettaient était parfois en forte contradiction avec leurs discours (par exemple lorsqu'ils parlaient de la résurrection avec des têtes d'enterrement).

Avec le soutien de divers évêques dont l'archevêque de Lyon, je pus former d'autres sections de formateurs qui devinrent opérationnelles en France puis, à partir de 2013, en Belgique. Nous bénéficiâmes rapidement d'une recommandation de la Commission ad hoc de la Conférence des Évêques de France[24]. Au terme de mes dix années de direction, le Service d'Optimisation des Homélies (le SOH) mobilisait 70 bénévoles et avait aidé près d'un millier de prédicateurs à perfectionner leur communication orale, dont près de 400 prêtres, 200 diacres, 120 séminaristes en année diaconale et 280 laïcs, ces derniers accompagnateurs de cérémonies comme les funérailles ou ayant à faire des exposés de foi. Quelle que soit la diversité de leurs difficultés personnelles, tous progressaient et parfois de façon spectaculaire. Tous avouaient n'avoir reçu aucune formation en communication orale, voire avoir été entraînés à l'inverse de ce qui est attendu, comme la lecture d'un texte d'une voix monacale. En marge du Synode de Rome, sur « la Parole de Dieu dans la vie et la Mission de l'Église », je présentai cette expérience à l'archevêque, secrétaire du synode, qui dans ses conclusions recommanda la généralisation de ce type d'ateliers[25]. Ce vœu resta malheureusement sans effet.

---

[24] Commission épiscopale pour la liturgie et la pastorale sacramentelle.
[25] Monseigneur Nikola Eterović, m'écrivit : *J'ai le plaisir de vous envoyer un exemplaire de mon dernier livre traitant du thème du deuxième Synode des Évêques, à savoir « la Parole de Dieu dans la Vie et la Mission de l'Église »* ... *Dans la troisième partie qui aborde le sujet de l'homélie, j'ai cité votre initiative comme exemple concret à suivre en donnant les grandes lignes de votre méthode.*

Ce récit succinct pourrait donner l'impression d'un accueil favorable de la part de la majorité du clergé. En fait, dans les diocèses où le SOH fut le mieux reçu, la proportion d'inscrits n'a jamais dépassé 30 % des prêtres et 50 % des diacres. C'était souvent les meilleurs orateurs qui, conscients de l'importance de « la parole », voulaient s'améliorer. Malgré le respect et les précautions avec lesquels nous proposions ces ateliers, et en dépit de la recommandation délivrée par la Commission épiscopale, les autres tournaient les talons ou manifestaient leur indignation. En contraste avec l'ambiance très chaleureuse des ateliers et les remerciements formulés par ceux qui en avaient profité, certains (qui ne s'étaient pas inscrits) répandirent des rumeurs négatives, comme celle que nous insultions les prêtres ! Après une session avec des séminaristes durant laquelle ils firent de grand progrès, le Recteur du séminaire [26] me reprocha d'avoir enseigné de privilégier la forme sur le fond et m'adressa un texte sur Luther : toute entreprise laïque cherchant à perfectionner la manière de s'exprimer des clercs semblait relever d'une insupportable contestation de l'Institution. Lors d'une réunion, un membre du SOH s'étant présenté au cardinal-archevêque de Paris de l'époque, celui-ci haussa les épaules et lui tourna ostensiblement le dos…

Au terme d'une décennie à la tête du SOH, je trouvai un successeur. Ce Service continue de proposer aux prédicateurs et aux laïcs, des ateliers interactifs[27]. Les exercices avec une méthode éprouvée, devant la vidéo et des auditeurs bienveillants et compétents restent la meilleure méthode pour mieux toucher les intelligences et les cœurs. Mais beaucoup ne peuvent en profiter en raison de l'éloignement, du manque de temps ou parce qu'ils n'osent pas s'inscrire. D'autre part, des prêtres de pays lointains me demandaient périodiquement des conseils. À l'intention de tous, je rédigeai un manuel associant théorie et exercices [28] à faire seul, ou mieux, avec un confrère ou un

---

[26] Nommé évêque par la suite.
[27] Renseignements sur le site <SOHcatho.org>.
[28] Didier Mellière, *Homélies et Prises de Parole Publiques – 30 Exercices pour se Perfectionner*, Salvator, 2018. En italien : *Quando Preti e laici parlano in*

complice laïc. Pour me prémunir contre le risque qu'il contienne une idée erronée, je le soumis à la censure de l'Église : l'imprimatur lui fut accordé, puis l'archevêque de Paris, S.E. Michel Aupetit, celui-là même qui m'avait aidé douze ans auparavant à lancer le SOH, en rédigea la préface. J'espérais que les médias internes à l'Église de France en feraient la promotion interne. À ma surprise, il ne bénéficia d'aucune annonce de la part du clergé. Il n'y en eut que sur le site du Diaconat Permanent. De plus certains médias confessionnels refusèrent mes demandes de publicité. Son défaut était d'être écrit par un laïc. Je ne pouvais faire état des lettres de remerciement et d'encouragement du Saint-Père et du président de la CEF. En moins d'un an, un millier d'exemplaires furent vendus, une goutte d'eau par rapport aux besoins. Et un professeur d'homilétique italien le fit éditer en Italie.

Mes curés et le « Mêlez-vous de ce qui vous regarde »

Il est incontestable que ce « métier » fait partie des plus difficiles, que la sainteté ne suffit pas et qu'il nécessite aussi une grande variété de qualités humaines, à commencer par une bonne mémoire des interlocuteurs. L'ambiance générale d'une paroisse, très variable selon les lieux, dépend largement des qualités de son curé et plus encore de son « état d'esprit ». J'ai pour la plupart de ceux que j'ai connus un grand respect, une admiration, de la reconnaissance et une chrétienne affection. Cependant je crois devoir faire réfléchir sur cinq anecdotes.

• La première date du décès de ma grand-mère (1956), une femme à la foi simple et solide, qui avait dû élever seule deux enfants après le décès de son mari à la guerre de 14-18. Je demandai à rencontrer le prêtre qui devait célébrer sa messe de funérailles, avec l'intention de lui raconter quelques éléments de sa vie pour qu'il s'en serve dans son sermon. Il m'interrompit aussitôt : il avait un texte standard et n'avait pas le temps

---

publico – Con trenta esercisi pratici per migliorare, Queriniana, 2020. Ce livre a reçu l'imprimatur et a été préfacé par l'archevêque de Paris.

d'introduire des éléments personnels. La religion standard ! Alors qu'à l'époque, il y avait dix fois plus de prêtres qu'actuellement !
• Lorsque nos enfants furent en âge de le suivre, ma défunte épouse, Isabelle, fut embauchée pour le catéchisme. Le curé lui recommanda de ne pas trop parler de Jésus et de se centrer sur une morale du « savoir-vivre ensemble » qui était cohérente avec les valeurs évangéliques. Je lui fis remarquer que ce faisant, rien ne nous distinguerait des autres religions, y compris la religion athée[29]. Il me répondit qu'il ne fallait pas « semer d'anticorps ». Simultanément des mouvements caritatifs ou syndicaux initialement chrétiens, décrochaient la mention de leur appartenance, toujours pour ne pas semer d'anticorps... Les catholiques se cachaient... Fallait-il être prophète pour prévoir le naufrage ?
• Lorsque j'eus davantage de temps, je demandai à deux curés, l'un à Paris et l'autre en province de discuter avec eux des plans paroissiaux d'évangélisation vis-à-vis des déçus de l'Église, des musulmans locaux et des diverses cibles. Le premier refusa carrément : *Mêlez-vous de ce qui vous regarde* ! Comment mieux étouffer l'esprit missionnaire ? Le second accepta d'en discuter : centré sur ceux du dedans et peu tourné vers ceux du dehors, il m'écouta et... la paroisse resta dans « l'entre-soi » ; depuis, j'ai abandonné toute initiative.
• Peu après mon arrivée dans un nouveau diocèse, je découvris des désaccords au sein du clergé et qu'un groupe de laïcs avait écrit au Vatican pour demander le départ de leur évêque. Le silence de ce dernier, joint au devoir de réserve du curé, fit qu'il me fut impossible de savoir de quoi il s'agissait. Autour de moi des rumeurs couraient sous le manteau et certains préféraient verser leur contribution à l'Église directement à la paroisse plutôt qu'au diocèse. Lorsque vint l'appel annuel, je demandai un compte rendu des orientations du budget du diocèse. Je reçus du

---

[29] Alors que nul ne discute le terme de religion bouddhiste, on m'a souvent reproché celui de religion athée. Si l'on considère les critères des dictionnaires pour définir une religion, j'ai connu des personnages de haut niveau intellectuel ayant réellement une foi athée, définie par un dogme, des pratiques, un dévouement à leurs prochains et une soif de partager leur certitude.

prêchi-prêcha. Lorsque l'évêque quitta ses fonctions, il fit le tour des paroisses avec des sourires et sans un mot sur l'état du diocèse, ses difficultés et ses perspectives d'évangélisation. Comment mieux démotiver des fidèles ?

• Un jour où, avec un ami et quelques autres, j'assistai à la messe privée d'un archevêque (que je connaissais depuis un demi-siècle) dans une chapelle mal insonorisée comme tant d'autres, je compris parfaitement les mots de la liturgie qu'il prononça en syllabisant (c.-à-d. en détachant les syllabes, les mots et les phrases pour faciliter leur compréhension et laisser s'éteindre l'écho), mais je ne compris rien à son homélie enchaînée sur le ton de la conversation. Après avoir vérifié que mon ami n'avait pas mieux compris, je m'en ouvris à cet archevêque : il s'étonna que je ne l'en aie pas prévenu. Je lui répondis que pour moi comme pour les autres, le respect nous en empêchait. Revenant sur cet épisode, il m'écrivit : *OK pour travailler sur « les racines de la fracture. » [...] Pourquoi les gens ne nous parlent-ils pas clairement ? Leur faisons-nous si peur ? Si, dès le début du sermon, quelqu'un se lève et dit : « Attendez ! On entend très mal... »*, *tout le monde l'approuvera, surtout dans une petite chapelle comme la nôtre. Et, forcément, ensuite, il fera attention. Bref, renouer le lien direct.*

Oui ! Mais comment ? C'est l'objectif de cet essai.

L'omniprésence de la Fracture clercs / laïcs

Durant ces années, j'ai rencontré beaucoup de prêtres, de diacres et de laïcs, ainsi que des évêques et des responsables du Saint-Siège. Les uns étaient admirables d'humilité et d'engagement et avaient une vision précise de l'érosion de la foi et de la nécessité de changements. Ils m'ont aidé. D'autres se comportaient en fonctionnaires, selon l'expression du Pape François [30] et surtout, quelles que fussent leurs indéniables qualités, ils étaient aveuglés par l'esprit de caste. Ils n'hésitaient

---

[30] François, en 2018 : *L'Église n'a pas tant besoin de bureaucrates et de fonctionnaires, que de missionnaires passionnés, dévorés par l'enthousiasme de transmettre la vraie vie.* Gaudete et Exultate, 138.

pas à utiliser des laïcs pour des tâches qu'ils avaient eux-mêmes décidées, parfois sans mesure et sans exprimer leur reconnaissance, mais ils n'étaient pas prêts à discuter avec eux de la stratégie d'évangélisation et à accepter leurs conseils : à eux, la vision et la décision ; aux laïcs, l'exécution.

Ne voyant que le troupeau qui les suivait, l'assistance aux cérémonies et leurs belles réalisations, ils fermaient les yeux sur les lézardes. Tant pis pour les déçus de l'Église qui l'avaient quittée ou allaient le faire ! Tant pis pour les agnostiques ou athées à la recherche de repères, les chercheurs de Dieu ayant pris d'autres voies, les assoiffés de sens ! Tant pis pour ceux que le spectacle des belles liturgies des autres religions a projetés dans le relativisme ! Tant pis pour les brebis perdues ! Comment espérer que l'Église du Christ reconquière le cœur de nos contemporains ?

Dès que mon engagement fut connu, des témoignages similaires s'amoncelèrent. Après avoir été accablé durant ma vie professionnelle, avec les témoignages sur les dysfonctionnements des hôpitaux, je devins « l'entonnoir » de ceux sur les défaillances de l'Église. Une longue plainte et l'infinie attente qu'elle évolue…

Au terme de ce qui n'est qu'un résumé, j'ai dû sélectionner dans mes observations celles qui font mal et me taire sur les belles réalisations dont je fus témoin ainsi que sur l'investissement généreux et intelligent de beaucoup d'anonymes, clercs ou laïcs qui ont toute mon admiration. Non que j'en minimise l'importance !

Mais, comme dit en introduction, le but de cet essai est de faire réfléchir sur les causes de décrochage de tant de mes contemporains. Certaines m'ont paru récurrentes : la gouvernance autarcique, l'insuffisance de formation à tous les niveaux, l'oubli du rôle des laïcs dans l'évangélisation, le maintien des laïcs dans un statut de mineurs irresponsables, le décalage du langage...

J'ai alors étudié les périodes de décrochage au cours des siècles précédents. Elles apparaissent sur la courbe des ordinations (page 17), sachant qu'elles en précédent les chutes d'une quinzaine d'années, les vocations étant majoritairement le fait de familles chrétiennes et de périodes d'attractivité de l'Église. On constate que des chutes de la vitalité chrétienne ont largement précédé la Révolution de 1789, les lois anticléricales de la fin du XIXe et la rupture libertaire de mai 68. Ces événements, plus que des causes, furent des conséquences, même s'ils ont pu avoir un effet amplificateur[31]. Par contre à chacune de ces périodes, on a observé parmi les causes de décrochages, comme aujourd'hui, une fracture entre les laïcs et l'Institution.

Il est urgent d'en explorer le mécanisme et les racines pour étudier ce qui peut être corrigé !

---

[31] Cette vision a été défendue par le chanoine Boulard dont les travaux sont une source exceptionnelle de renseignements sur les évolutions démographiques des catholiques en France durant la première moitié du XXe siècle et sur leurs causes.

II

Comme un arbre qui dépérit...

Comment « redonner envie » de revenir à l'Église à ceux qui l'ont quittée ? Comment lui reconstruire une image attirante, inspirante, « agglutinante », comme celle des premières communautés chrétiennes ? La première étape consiste à lister les causes de décrochage les plus visibles – sans tabou - et à en étudier les causes, puis les causes de ces causes. Comme pour un arbre qui dépérit, on inspecte le feuillage, la ramure, les branches, le tronc et jusqu'aux racines (illustration page 22).

Comment redonner envie ? *En intensifiant nos prières et nos actions généreuses*, disent la plupart des évêques. Cependant cela fait près d'un siècle qu'ils le répètent et que des générations s'y sont efforcées : cela a-t-il arrêté les décrochages ? Alors pourquoi cela suffirait-il aujourd'hui ? Est-ce que cela résoudrait cette perte de confiance en l'Église dirigeante et cette fracture qui sépare profondément la hiérarchie et les clercs d'une grande partie des baptisés ? Qu'est-ce que cela changerait aux effets de tous ces dysfonctionnements que j'ai observés, qui se retrouvent dans l'Histoire à l'origine des grands décrochages et qui ont explosé, en 2019, dans les réponses à l'enquête « Réparons l'Église » ? Qu'est-ce que cela changerait à une gouvernance ressentie comme autarcique et autiste, à l'insuffisance de formation à tous les niveaux, à la perte de l'esprit missionnaire, au maintien des laïcs dans un statut de mineurs, à un langage devenu incompréhensible pour beaucoup ?

I - Les laïcs entre éloignement et volonté de rénovation

Les 5 000 réponses des lecteurs de La Croix ont offert un « pris sur le vif » sans les lissages habituels de l'Institution. Que révèlent-elles ? En voici quelques-unes parmi les plus significatives.

Beaucoup n'ont plus confiance dans le clergé
- *On ne sait même plus d'où vient la vérité, ça fait douter de tout. Vu que c'est eux qui nous disent les choses vraies, les choses fausses et qu'à l'intérieur, ils sont totalement hypocrites, on ne sait plus où on en est.*
- *Difficile notamment de comprendre une église qui met hors la loi des divorcés remariés, mais qui laisse des criminels consacrer l'Hostie refusée à ces divorcés.*
- *J'ai de moins en moins confiance dans les évêques ; je ne donne plus au denier et je n'ai plus envie de m'engager.*
- *L'évêque décide de tout, seul, sans tenir compte des fidèles engagés... qui s'en détournent...*
- *Quand je parle à des prêtres de ma génération, je suis effaré de constater leur manque de culture sur toutes les questions relevant de la foi...*
- *Mon regard vis-à-vis de prêtres, souvent jeunes, plus clercs que les clercs, ne s'est pas bonifié. Chez eux, le cléricalisme et le pouvoir semblent être leur raison d'être. Malgré les événements, ils conservent les mêmes réflexes.*
- *Globalement, la parole des prêtres et surtout des évêques est inaudible. Inaudible sur le fond car en décalage avec les attentes de la population. Inaudible sur la forme également.*

Les causes profondes sont évidentes
- *Le problème n'est pas que quelques hommes ont des comportements coupables, mais bien que l'organisation de l'Église génère ces abus.*
- *Ce qui scandalise les pauvres et parfois les fait douter, c'est la froideur, le manque de fraternité de nos communautés.*

- Depuis quelques années, les jeunes prêtres de moins de 40 ans ont adopté une attitude qui me remplit de tristesse : dans ma paroisse, ils ont imposé leur vision que je trouve étriquée et rétrograde de leur ministère en reléguant les laïcs les plus expérimentés à des tâches subalternes.
- Le « prêchi-prêcha » de curé revient à la mode : une langue de bois qui ne s'adresse pas au cœur des gens, qui ne s'intéresse pas à leurs problèmes. Les discours sont formatés, les termes et les formules employés sont inaccessibles au grand public, mis à part les catholiques spécialisés dans cette rhétorique. On reste dans l'entre-soi. Quelle évangélisation dans ces conditions ?
- Cette crise met gravement en évidence un décalage insupportable entre le discours normatif sur les mœurs et des pratiques qui sont à l'opposé de ce discours. L'Église ne peut détenir la vérité absolue en matière de morale ou de comportement. Elle doit éclairer mais sans dicter tel ou tel comportement en respectant la liberté de conscience et d'action de chacun.
- Le statut de la femme est l'un des combats du monde contemporain sur tous les continents. Ne pas évoluer sur ce point dans notre Église, c'est déjà se placer en position de non-dialogue.

Il faut en traiter les racines
- Il ne s'agit pas de repriser. Il s'agit que chacun se remette en question, curés, paroissiens, Pape, évêques, religieuses et religieux... Tous et chacun réparons les chrétiens, guérissons-les de l'infantilisme, de la magie, de la soumission dans laquelle l'Église a pu les enfermer, pour leur permettre de vivre leur dignité d'humains.
- Rendre plus simple et avec plus de proximité nos relations avec nos curés : comme des hommes, ne pas leur donner forcément une importance trop sacralisée, les intégrer.
- Il s'agit moins de changer les structures elles-mêmes que des mentalités de ceux qui les gouvernent.
- Apprenez à faire confiance aux laïcs, à consulter davantage, à ne plus considérer les fidèles comme des brebis qui doivent tout apprendre et n'ont rien à apporter. Apprenez à travailler

de manière plus collégiale (en prenant des décisions à la manière de ce qui se fait dans les monastères), à ne plus décider seuls.
- Le fossé entre un évêque et ses fidèles est contraire à ce que nous devrions vivre en Église. Il est urgent que l'évêque reprenne son bâton de pèlerin et aille à l'écoute de ses fidèles.
- Il faut une meilleure formation des laïcs. Que des temps de formation et de récollection soient proposés, et pas uniquement dans les évêchés et les grandes villes.

Certains travaillent à cette rénovation
- Depuis le début de l'année nous avons (nous sommes un groupe de chrétiens qui réfléchissons sur **Gaudete et exsultate***)*, mis en route un café-rencontre avant la messe, le premier dimanche de chaque mois, pour créer du lien entre nous chrétiens, mettre un nom sur les visages des personnes qui participent comme nous aux célébrations et que nous ne connaissons pas.
- Je peux prier et jeûner pour mener le combat sur le plan spirituel, comme notre Pape nous y a invités. Je le fais déjà. Je peux aussi me disposer à être « veilleuse », une oreille attentive à l'expression des souffrances de ceux qui sont ou ont été ou sont encore victimes de ces abus de pouvoir multiples dans l'Église, mais aussi de la souffrance de certains prêtres...
- Avoir un regard bienveillant vis-à-vis de l'Église, du moins des prêtres et responsables laïcs. Ils sont choqués, c'est sûr. Et je veux bien les aider à rebâtir une Église rénovée, dans le respect des différences de chacun, sans exclure les parias d'avant (divorcés...).
- Ma préoccupation principale c'est que les laïcs aient leur place sans être « soumis » à une autorité ecclésiale et sans être considérés comme des « sous-croyants »... donc je continue à m'engager au sein de ma paroisse avec autonomie et responsabilité.

D'autres quittent l'Église
- Il faut qu'elle disparaisse pour qu'enfin puisse naître une nouvelle forme saine, fraternelle, féminine et solidaire.

- *Je n'ai plus envie d'aller à la messe, je suis pourtant catholique pratiquante depuis toujours.*
- *Je pense m'orienter vers le protestantisme. Pas de hiérarchie donc moins de risque de « jeu » de pouvoir. De plus, les pasteurs peuvent être des femmes. Ils ou elles peuvent se marier, ce qui me semble juste à notre époque. Peut-être même que ça limite le risque de pédocriminalité.*

D'autres ont confiance en sa capacité de réforme
- *Merci au Pape François d'avoir depuis son élection eut des paroles fortes tant sur l'organisation de l'Église, les scandales, l'état Vatican, notre terre, notre responsabilité de chrétien.*
- *Il semble que soit venu le temps de réunir un nouveau concile, [...] un concile dont la composition de l'assemblée exprime la volonté de rompre avec le passé.*

Bien sûr qu'il faut prier mais le Christ ne nous a-t-il pas demandé aussi de prendre nos bâtons de pèlerins pour répandre sa bonne nouvelle ?

II - Les grandes causes de décrochages

Essayons de les regrouper par grandes catégories : la gouvernance autarcique, l'insuffisance de formation à tous les niveaux, l'oubli du rôle des laïcs dans l'évangélisation, le maintien des laïcs dans un statut mineur, le décalage du langage.

A - La gouvernance autarcique

Si les décisions proprement doctrinales relèvent du Pape et des évêques, il n'en est pas de même des décisions d'application pratique sur le terrain aux niveaux diocésain ou paroissial. Or que voit-on ?
- Des conseils paroissiaux et diocésains nommés et fonctionnant le plus souvent selon le principe du secret, n'établissant pas de lien avec les paroissiens.

- L'absence de consultation des fidèles sur les actions de la paroisse.
- Le rejet des propositions non sollicitées sans étude ni discussion pour en comprendre les motivations.
- La marginalisation de ceux qui pensent différemment, etc.

Ce mode de fonctionnement a eu et continue d'avoir de nombreuses conséquences négatives :
- décisions centrées sur « l'entre-soi »,
- problèmes non pris en compte,
- démobilisation des actifs,
- désintérêt et passivité des foules,
- faiblesse de l'esprit missionnaire vers les périphéries.

La plupart des évêques en ces domaines n'ont aucune connaissance managériale. Ils ignorent les grands principes d'efficacité comme l'intérêt de l'établissement d'objectifs précis et de l'utilisation des évaluations pour diriger les décisions, d'où des décisions arbitraires et souvent inappropriées aux besoins et aux temps actuels. La sainteté (critère de choix premier selon le directeur de la Congrégation des Évêques) c'est bien sûr essentiel, mais gérer et dynamiser un diocèse nécessite aussi des compétences professionnelles particulières.

B - L'insuffisance de formation à tous les niveaux

1° Le manque de formation des séminaristes à l'accompagnement des initiatives des fidèles

Dans leur formation, l'exercice de la pratique [32] est laissé au hasard sans guide précis et l'état d'esprit transmis est bien davantage celui de l'autorité que de la coopération avec les fidèles. La pratique est supposée s'acquérir au contact des curés auprès desquels, ils sont envoyés en stage durant l'année diaconale, mais la plupart de ceux-ci ne transmettent que leur état d'esprit. Ainsi se pérennise une vision profondément basée sur la dichotomie des rôles.

Il en résulte que les nouveaux prêtres continueront de se considérer comme seuls détenteurs du pouvoir décisionnel et

---

[32] Celui-ci est totalement négligé par le texte qui régit cette formation, le *Ratio fundamentalis institutionalis sacerdotalis* (2017).

agiront sans guide objectif, ce qui a souvent eu des effets dévastateurs dans les paroisses.

2° La sous-formation des laïcs en termes de connaissances
Elle porte sur...
- les connaissances doctrinales avec notamment la distinction entre l'essentiel et les ajouts contextuels,
- la connaissance des autres religions et courants d'opinion, avec leurs différences d'avec la foi catholique.

Les méfaits sont nombreux :
- fragilité devant les épreuves, les ricanements et attaques, et les propositions faites par d'autres religions ou systèmes de pensée,
- inaptitude à transmettre la foi aussi bien en famille qu'en milieu professionnel,
- incapacité à comprendre les pensées et les raisons des autres,
- transmission dans les milieux extérieurs, d'une image de l'Église bâtissant sur la naïveté des moins éduqués et tournant le dos à la raison.

Cette insuffisante préoccupation pour la formation des laïcs se traduit dans les faits par une multitude de pratiques qui sont autant de pertes de chances :
- Nombre d'homélies, inaudibles ou répétitives et de niveau basique, sont jugées inintéressantes, voire infantilisantes.
- Les histoires bibliques à portée symbolique présentées « comme si » elles étaient réellement arrivées[33], génèrent une suspicion globale sur le reste.
- Les laïcs sont rarement incités à consacrer du temps à leur formation.
- Les clercs ne proposent que des formations passives et n'incitent pas à l'autoformation.
- Les thèmes retenus sont souvent déconnectés des attentes parce que choisis sans tenir compte des besoins réels.
- L'intérêt du travail en ateliers interactifs est ignoré.
- L'absence d'évaluations entraîne l'ignorance de l'impact nourricier des enseignements, et l'impossibilité de corrections.

---

[33] Voir les travaux du Père Lagrange fondateur de l'École Biblique de Jérusalem à la fin du XIXᵉ siècle et actuellement ceux de la Commission Biblique Pontificale.

- Les sachant laïcs sont sous-utilisés.
- Il n'est pas proposé de références formatives pour guider les lectures personnelles.
- Les paroisses ne prévoient pas de salles d'étude dédiées.
- Il est difficile de trouver un interlocuteur formé pour répondre à des questions.

Ces insuffisances résultent du fait que l'Église n'a pas suffisamment pris conscience…
- de l'extraordinaire élévation du niveau de connaissances profanes et de l'augmentation des professions à responsabilités décisionnelles, qui rendent rédhibitoires les idées imposées sans explications suffisantes,
- de la propulsion massive des autres convictions dans le contexte de mondialisation, de brassages croissants des populations et de généralisation de l'information,
- de la nécessité de mettre en place des stratégies diversifiées et spécifiques pour chacune des strates de populations,
- du fait que les discours de niveau primaire génèrent chez les personnes ayant un niveau culturel élevé ou un haut niveau de responsabilité, des allergies et des sentiments « d'obscurantisme » : ils sont ressentis comme la manifestation d'un sous-développement intellectuel des orateurs ou comme la volonté d'infantiliser les récepteurs. Or ce sont ces élites qui créent les grands courants d'opinion.

3° l'absence de formation aux techniques de discussion privées ou en groupe

Faute d'être formés aux discussions tant individuelles qu'en groupe, les catholiques ne connaissent que l'affrontement. Cela vaut aussi bien dans les rapports avec les proches, qu'entre catholiques et que dans les rencontres avec les adeptes d'autres religions ou courants d'opinions.

C - L'oubli du rôle des laïcs dans l'évangélisation

Les textes ecclésiaux centrant tout sur les prêtres et leurs choix, méconnaissent l'importance de ce que François nomme « l'évangélisation informelle » (EG, 27).

Il s'ensuit que :

- Les parents et grands-parents ne reçoivent ni information ni entraînement aux règles du témoignage, comme l'importance de l'écoute initiale, de l'expression de l'empathie, de faire « découvrir » au lieu d'apporter une réponse bien huilée, d'ajuster le propos aux réactions en s'arrêtant au premier signe de désintérêt.

- Les laïcs ne sont incités ni à guetter les occasions favorables, ni à témoigner avec *tact et douceur.*

- Il n'est pas organisé de soutien sous forme de rencontres pour partager les difficultés et les succès de chacun.

En l'absence de telles aides, on improvise, ce qui, en tout, est peu efficace, quand ce n'est pas contre-productif...

D – Le maintien des laïcs dans un statut de mineurs irresponsables

De l'infantilisation ambiante et de l'impression que la pensée n'est permise qu'aux clercs (*ne perdez pas de temps à réfléchir. Nous le faisons pour vous*), il ressort un sentiment d'étouffement de la pensée qui fait fuir tous ceux qui réfléchissent ou qui exercent des responsabilités, professionnelles ou politiques. Or ce sont eux, répétons-le qui génèrent les courants de pensée, les lois, les modes de vie de chaque époque.

Cette infantilisation se traduit par une multitude de dysfonctionnements.

1° La priorité donnée aux règles plutôt qu'au sens

Au XIXe siècle, les rapports sexuels des couples étaient proscrits en dehors du désir de procréation. Les intrusions des confesseurs dans la vie sexuelle des couples mariés ont fait fuir des générations de catholiques-engagés. Dans mon enfance les questions indiscrètes d'un prêtre m'ont d'autant plus choqué que dans mon environnement un grand prédicateur usait de l'appartement d'une parente pour ses ébats et que j'avais été victime d'approches de la part d'un autre prêtre.

Les règles édictées au XIXe siècle que l'on peut lire dans le Denzinger [34] n'ont jamais été révisées.

L'Encyclique Humanae Vitae [35] a largement amplifié les décrochages dans ma jeunesse. L'assimilation de l'usage de la contraception à un avortement a fait que le taux des femmes se confessant fréquemment tomba de 23 % à 1 %[36]. Nous y reviendrons plus loin. À noter que rien n'y donnait le sens des rapports charnels dans l'amour des couples mariés devant Dieu.

2° La sous-utilisation des compétences
« J'ai proposé mes services, mais on m'a fait comprendre... ». Cette attitude très répandue décourage et démotive autant qu'elle diminue l'efficacité missionnaire des paroisses.

3° L'organisation de débats « devant » mais pas « avec »
Les questions écrites édulcorées ou déformées par le modérateur augmentent cette impression d'être considérés comme un sous-peuple.

4° Des paroisses non-attractives
L'enquête est révélatrice : « Ils sont entre eux », « Ça sent le renfermé, la bigoterie, les bonnes œuvres. ». C'est le tango dénoncé par le Pape [37] !

Mettons-nous dans la peau d'un catholique peu fervent (Jésus n'est pas venu que pour les bien portants !) : il va au supermarché parce qu'il a besoin de se nourrir, au cinéma et au bistrot parce

---

[34] *L'Enchiridion*, œuvre du théologien allemand Heinrich Denziger, réunit des textes officiels de l'Église catholique et des réponses à des questions. Nombre de celles sur la vérité historique des récits bibliques sont dépassées. Celles sur la vie sexuelle des couples ne conçoivent les rapports charnels que pour la procréation. Cet ouvrage sert encore de référence dans les séminaires !

[35] Humanae Vitae fut publiée en juillet 1968 alors que les évêques étaient divisés sur ce sujet et que la commission d'étude nommée par le Pape y était opposée.

[36] Guillaume Cuchet, *Comment notre monde a cessé d'être chrétien*, Seuil, 2018.

[37] François, interview du 9 mai 2016, La Croix : *le cléricalisme, c'est un péché qui se commet à deux comme le tango*.

qu'il a envie de se distraire, mais qu'est-ce qui peut lui donner « envie » d'aller à l'église, en dehors de la prière ? Les paroisses organisent des aides sociales diverses pour les SDF ou les pauvres mais bien peu de soirées sont dédiées aux problèmes des uns ou des autres ou aux réunions d'amitié.

5° La rareté de rencontres avec les autres chrétiens ou les adeptes des autres religions.

Imagine-t-on le Christ ne pas aller dialoguer avec les musulmans, les hédonistes, les francs-maçons, comme il l'a fait avec les pharisiens, les saducéens et les scribes ?

6° La rareté des cercles de réflexion catholique intercatégoriels

Si ce n'est pas à l'Église de les organiser ou de les diriger, elle devrait en montrer l'utilité au lieu de les décourager comme j'en fus témoin. Leur absence a de nombreux effets délétères :
- Les rares cercles de réflexion catholiques sont catégoriels, donc générateurs d'affrontements (ouvriers/patrons, droite/gauche, citadins/campagnards…) ;
- Les propositions catholiques, leur diffusion et leur capacité à entraîner des adhésions sont infimes face à celles de la franc-maçonnerie omniprésente en France dans la plupart des milieux professionnels ;
- Une autre conséquence est l'inhabileté fréquente des catholiques dans les discussions publiques de toutes sortes.

7° L'absence des catholiques des lieux d'élaboration des réformes sociétales

Il en résulte l'indifférence avec laquelle l'opinion accueille les avis de la hiérarchie, par exemple sur la bioéthique ou les excès de la théorie du genre, et la difficulté des catholiques à formuler une réponse crédible. Caricaturalement, l'Église renouvelle l'erreur du XIXe siècle, où devant la misère ouvrière, elle a multiplié les œuvres caritatives et de piété et laissé les autres (souvent anticléricaux) travailler aux indispensables réformes.

Beaucoup d'athées en retirent l'impression que dans les problèmes sociétaux, l'Église privilégie une obéissance doctrinale aveugle plutôt que la réflexion sur les besoins humains. Comment voudriez-vous que l'Église attire ceux-qui-réfléchissent ?

8° La quasi-absence des laïcs dans la communication publique

Tout se passe comme si seuls les évêques avaient le droit de s'exprimer, y compris dans les journaux confessionnels, sur des domaines où ils sont parfois moins compétents que des laïcs. L'aspect donné à « ceux du dehors » est que les catholiques sont intellectuellement des « mineurs ».

E – Le langage non-ajusté au temps

Lorsqu'on veut transmettre un message d'importance exceptionnelle, la première condition est de parler clairement. Qu'on n'objecte pas la complexité de la doctrine ou l'hermétisme de certains discours de Jésus. Il ne s'agit pas ici des finesses théologiques mais du message courant. Quant au langage symbolique de Jésus (la destruction du temple rebâti en trois jours) ou aux paraboles, ils avaient toujours un objectif précis : une compréhension ultérieure dans le premier cas et l'incitation à la réflexion dans le second. En dehors de ces procédés pédagogiques, Jésus utilisait les mots de son temps avec la signification que chacun connaissait. Ce n'est souvent plus le cas de l'Église de nos jours.

Or, au cours des siècles, elle a fréquemment actualisé son langage. Récemment elle n'a pas hésité à réviser la traduction de la prière enseignée par le Christ lui-même en traduisant le « ne nos inducas in tentationem » par « ne nous laisse pas entrer en tentation ». Ne serait-il pas urgent de le faire pour tout ce qui n'est plus compréhensible par *les gens des rues* [38] ? Ce qu'a écrit François au sujet du langage des homélies (*Le plus grand risque pour un prédicateur est de s'habituer à son propre langage et de penser que tous les autres l'utilisent et le comprennent spontanément* - EG 157) ne vaut-il pas autant pour les mots qui ont changé de sens ainsi que pour les concepts qui furent

---

[38] Expression empruntée à Madeleine Delbrêl.

exprimés en fonction des connaissances d'époques anciennes, des connaissances largement bouleversées depuis ?

L'objectif n'est pas de modifier le sens profond des mots et des concepts, mais de trouver la manière actuelle de les exprimer pour les rendre accessibles aujourd'hui.

Certains mots nous sont familiers mais nous aurions bien du mal à en expliciter le sens pour nous-même ou pour un néophyte. Par exemple l'expression « les cieux » du Notre Père, issue du temps où ils représentaient à la fois l'inaccessible et l'ordre, et devenue sujet de plaisanterie des premiers astronautes, mériterait une traduction exprimant l'omniprésence, la toute-puissance et la distance avec notre finitude.

Il en est de même de certains concepts comme le dogme du péché originel exprimé initialement avec la croyance du temps en la vérité historique d'Adam et avant les apports des sciences de la psyché[39]. Bien des catholiques l'ont rangé dans les reliquats des temps d'ignorance ou n'y voient qu'une formule de saint Paul pour illustrer le salut apporté par le Christ. Une traduction actualisée permettrait d'en retrouver le sens théologique.

De telles actualisations, non du sens profond, mais de la manière de l'exprimer avec les connaissances et les mots de notre temps, s'inscriraient utilement dans la suite des travaux de la Commission Biblique Pontificale.

F - Et puis les autres causes

Les inévitables déviances diverses
- Abus sexuels commis par une minorité de clercs, notamment parmi ceux qui exercent une grande influence spirituelle,
- Exploitation d'une main-d'œuvre gratuite et qui ne discute pas,
- Emprises psychologiques et manipulations diverses relativement fréquentes.

L'éloignement des femmes des responsabilités organisationnelles et pastorales
- L'exclusion des filles du service de l'autel illustre une attitude générale ;

---

[39] Lire à ce sujet la catéchèse de Benoît XVI du 3 décembre 2008.

- Les femmes, à de rares exceptions près, sont interdites d'homélies, y compris les religieuses et les théologiennes ;
- Le plus souvent, elles sont exploitées comme une main-d'œuvre corvéable mais sans droit d'expression.

Ces failles ont entraîné une perte de confiance généralisée envers la hiérarchie catholique puis le décrochage d'une foule de laïcs. Certes bien d'autres causes indépendantes - l'air du temps - ont eu une influence plus ou moins importante et parfois prépondérante, ne serait-ce qu'en entraînant un repli des chrétiens dans des attitudes défensives qui elles-mêmes ont aggravé les failles. Il faut en tenir compte dans la manière de conduire les actions correctrices, mais l'essentiel reste le traitement de ces failles qui dépendent de nous. Car ce sont elles, et non « l'air du temps », qui ont discrédité l'Église actuelle aux yeux de nombreux catholiques et qui les ont amenés à se demander si elle est bien restée dans la ligne voulue par le Christ. Le nombre des fidèles s'étant effondré, comment s'étonner que les vocations aient suivi ?

Nous avons assimilé ces grandes causes au feuillage d'un arbre et les causes de ces causes aux branches qui les portent. Poursuivons la comparaison en analysant le tronc porteur de toutes ces causes, puis ses racines.

III - La Fracture clercs/laïcs, tronc commun de toutes les causes

Cette fracture entre l'Institution et les clercs d'une part, et les laïcs d'autre part, nous l'avons retrouvée à l'origine de chaque dysfonctionnement.

Qu'avons-nous fait de la dernière prière du Christ avant son sacrifice volontaire : *Qu'ils soient un comme nous sommes Un*[40]. Qui se sent personnellement concerné par cette prière ?

---

[40] Jn 17,22.

A – En quoi consiste cette Fracture ?

Évitons les contre-vérités stériles. Aspirer à son éradication, ce n'est remettre en cause ni l'unicité du Corps Mystique du Christ, le Peuple de Dieu, ni la suprématie de Pierre et de ses successeurs, ni le rôle particulier des évêques et des prêtres, tels qu'établis au cours de deux millénaires.

Partons des trois missions du prêtre, les « tria munera » (munera docendi, regendi et sanctificandi) que l'on traduit habituellement par « enseigner, gérer et sanctifier ». Sont-elles exclusives ?

Sanctificandi - La célébration de l'eucharistie et l'administration des sacrements ne relèvent à l'évidence que des clercs ordonnés de tous grades. Toutefois il est admis que le baptême puisse être administré en cas d'urgence par un laïc et que le sacrement du mariage puisse être célébré par un laïc en l'absence de prêtre ou de diacre disponibles.

Docendi – Il faut distinguer entre la définition de ce qui est enseigné et la transmission de cet enseignement.
• Concernant la définition du contenu enseigné, l'autorité du Pape en matière de doctrine et de recommandations morales est incontestée. Il n'en est pas de même lorsque le Pape sort de ces domaines, comme le confirment les innombrables retournements. Sans remonter aux deux siècles de variations sur l'héliocentrisme, chacun connaît les inversions de positions sur des thèmes très variés : la doctrine sociale entre les encycliques Mirari Vos (1833) et Rerum Novarum (1893) ; la prise en compte de la vérité historique dans l'étude et la présentation des événements de l'ancien Testament ; la lecture de la Bible (interdite jusqu'au début du XXe siècle et fortement conseillée à la fin du même siècle) ; le regard sur les juifs avant et après la Shoah… Il y a donc lieu de distinguer selon qu'il s'agit de doctrine fondamentale ou d'application concrète.
• Quant à la transmission, si les laïcs n'y avaient largement contribué, la foi ne se serait jamais développée aussi rapidement autour de la Méditerranée durant les trois premiers siècles, et en Extrême-Orient durant les trois derniers siècles, malgré le faible

nombre ou l'absence de prêtres. Limiter l'évangélisation aux seules initiatives des clercs serait simplement la bâillonner.

Le choix du mot « enseignement » tel qu'il est compris actuellement peut conduire à une vision restrictive datant d'une époque où le monde était chrétien et le clergé pléthorique. La France étant devenue terre de mission, il faut lui ajouter le sens « annonce » qui décrit mieux la mission donnée par le Christ à la fin de sa vie terrestre et l'action des apôtres après la réception de l'Esprit-Saint.

Regendi - C'est bien là que les interprétations divergent le plus.

S'agit-il d'une gouvernance qui doit gérer tout jusqu'au moindre détail ou d'un rôle de guide, celui qui consiste à tenir le gouvernail en déléguant, en accompagnant les initiatives et en les provoquant en fonction des positions et des compétences ? Est-ce bien la mission des évêques de tout diriger seuls, sans consultations et en toute opacité ? Les curés sont-ils conformes à leur mission lorsqu'ils décident solitairement ce qui se fait et tout ce qui ne se fait pas dans leurs paroisses, éventuellement en interdisant tout ce qui a été mis en place par leur prédécesseur ? La bonne gérance ne passe-t-elle pas par l'écoute, la concertation, la délégation, la stimulation et le contrôle des initiatives ?

Les rôles respectifs des prêtres et des laïcs, ainsi que leur articulation ont été précisés lors de Vatican II (LG 21-38) :
- Les prêtres… *En chaque lieu où se trouve une communauté de fidèles, ils rendent, d'une certaine façon, présent l'évêque auquel ils sont associés d'un cœur confiant et généreux, assumant pour leur part ses charges et sa sollicitude, et les mettant en œuvre dans leur souci quotidien des fidèles.*
- Les laïcs… *Ils sont appelés tout spécialement à assurer la présence et l'action de l'Église dans les lieux et les circonstances où elle ne peut devenir autrement que par eux, le sel de la terre.*
- L'articulation entre les deux : *Les pasteurs […] doivent reconnaître et promouvoir la dignité et la responsabilité des laïcs dans l'Église ; ayant volontiers recours à la prudence de leurs conseils, leur remettant avec confiance des charges au service de l'Église, leur laissant la liberté et la marge d'action, stimulant*

même leur courage pour entreprendre de leur propre mouvement.

Un demi-siècle plus tard, François est revenu sur la manière de gouverner : *un Pasteur conscient que son ministère découle uniquement de la miséricorde et du cœur de Dieu, ne prendra jamais une attitude autoritaire, comme si tout le monde était à ses pieds et la communauté sa propriété, son royaume personnel. Cette conscience que tout est don, tout est grâce, aide aussi le pasteur à ne pas tomber dans la tentation de se mettre au centre de l'attention et de n'avoir confiance qu'en lui-même. C'est-à-dire dans les tentations de la vanité, de l'orgueil, de la suffisance et de l'arrogance.* Et d'ajouter : *Gare à l'évêque, au prêtre ou au diacre qui croirait tout savoir, qui penserait avoir toujours la réponse juste pour chaque chose et n'avoir besoin de personne*[41].

Aussi a-t-il conseillé à des séminaristes de se préparer *dès maintenant pour devenir des prêtres des gens et pour les gens, et non pas des dominateurs du troupeau qui vous est confié, mais des serviteurs*[42].

Certes il est plus facile de gérer seul mais chacun sait que c'est la meilleure manière de faire le vide autour de soi. L'évangélisation n'échappe pas aux règles générales. Lorsque des évêques et des prêtres (dont les homélies personnelles n'étaient pas toujours compréhensibles) s'indignaient que des laïcs proposent et animent des ateliers de communication orale pour prédicateurs était-ce conforme à leurs missions ? La réalité est qu'ils confondaient le fond qui est leur domaine réservé et la forme qui est mieux connue de laïcs compétents en cette matière. Lorsque des curés repoussent sans concertation des initiatives de leurs paroissiens tels que des groupes de réflexion ou d'évangélisation est-ce bien leur mission ? Ne se privent-ils pas seulement de collaborations efficaces. On pourrait multiplier les exemples.

Il n'est donc question, ici, ni de tout révolutionner, ni de prendre la place des évêques et des curés, ni de remplacer l'ordre par un parlementarisme cacophonique, ni de protestantiser, mais

---

[41] Catéchèse du 12 novembre 2014.
[42] Discours au Séminaire pontifical de Sardaigne, 17 février 2018.

d'ajuster les missions de chacun pour une meilleure vie communautaire, une plus large participation à la mission et une plus fructueuse évangélisation. Remplaçons les caricatures volontaires et les maladresses par l'amour et la vérité.
Tels sont les objectifs du prochain synode sur la synodalité.
Puissions-nous associer le respect des fonctions et celui des compétences, l'unité de mission et la diversité des moyens, le message spirituel et les techniques humaines... Ce chemin n'est pas facile : il n'a pas dû être aisé à saint Paul et à saint Pierre de se mettre d'accord, mais c'est ce qui leur a permis, sous la conduite de l'Esprit Saint, de se répartir les terrains d'évangélisation.

B - Les racines de la Fracture

Nous avons vu son rôle de « tronc commun » à toutes les causes de décrochage ? Poursuivant l'image de l'arbre avec ses feuillages desséchés, les branches qui les portent, et le tronc d'où elles sont issues, arrivons aux racines. En voici une liste incomplète, issue de multiples discussions avec des laïcs engagés et des clercs de toutes fonctions, de divers pays et du Saint-Siège.

1° Le cléricalisme

C'est un des thèmes favoris de François : *Le cléricalisme, favorisé par les prêtres eux-mêmes ou par les laïcs, engendre une scission dans le corps ecclésial qui encourage et aide à perpétuer beaucoup des maux que nous dénonçons aujourd'hui*[43].

L'état d'esprit des évêques qui les a conduits à privilégier la protection des prêtres fautifs plutôt que l'écoute de leurs victimes en fut une illustration dramatique. C'est le même « état d'esprit » qui pousse des prêtres à tout diriger seuls sans consulter les laïcs ou à ne s'entourer que de laïcs pensant comme eux.

2° L'inadaptation aux niveaux de connaissances et de prises de décision de beaucoup de laïcs

Deux raisons y ont contribué. Se préservant des tentations du monde, beaucoup d'ecclésiastiques n'ont pas appréhendé

---

[43] François, *Lettre au Peuple de Dieu*, 20 août 2018.

l'ampleur des changements dans ces deux domaines. D'autre part, les jeunes étant une cible prioritaire (comme pour tous les meneurs de tous les systèmes), il leur est souvent difficile de s'adresser différemment à des publics adultes, notamment à des cadres, des dirigeants d'entreprises ou des responsables politiques.

3° L'oubli des aggiornamentos successifs de l'Église

Le concile Vatican II en fourmille. François explicite (EG 43) : *Aujourd'hui, certains usages, très enracinés dans le cours de l'histoire, ne sont plus désormais interprétés de la même façon et leur message n'est pas habituellement perçu convenablement. Ils peuvent être beaux, cependant maintenant ils ne rendent pas le même service pour la transmission de l'Évangile. N'ayons pas peur de les revoir.*

Il ajoute : *De la même façon, il y a des normes ou des préceptes ecclésiaux qui peuvent avoir été très efficaces à d'autres époques, mais qui n'ont plus la même force éducative comme canaux de vie.*

4° La confusion entre la Tradition et les traditions contextuelles

Un exemple caractéristique est l'éloignement des femmes tant des directions pastorales que de l'ambon. Oui, Jésus ne s'est pas entouré de femmes si ce n'est pour le servir. Mais à son époque, il était dans la norme contextuelle, même si l'Histoire nous a rapporté quelques exceptions. Cependant aujourd'hui, toutes les sociétés ont changé sur ce point et on commence à voir des femmes rabbins, imams ou pasteures dans les églises protestantes. Lorsqu'on est au pouvoir, on peut toujours tirer des textes des arguments pour ne rien changer mais l'honnêteté intellectuelle consiste à se demander si ce sont des vérités fondamentales ou les reliques de contextes passés.

Les regards sur la place des femmes dans la société ont considérablement changé en un siècle et demi [44] et des femmes

---

[44] Lorsqu'elle fut la première candidate au Barreau de Paris en 1897, ma parente Jeanne Chauvin dût affronter une violente campagne de presse. Aujourd'hui, il y a plus d'avocates que d'avocats !

sont volontiers élues à la tête d'États. Lorsqu'on voit des curés chasser les jeunes filles du service d'autel, beaucoup se demandent dans quel siècle ils vivent.

5° La méconnaissance des techniques d'efficience

La non-utilisation des objectifs et des évaluations en est un exemple caractéristique.

Cela amène notamment à une absence de progression dans des secteurs cruciaux pour la formation comme les homélies, ou le catéchisme.

6° L'absence de priorisation dans la doctrine et la morale

Nous avons décrit les dégâts provoqués à la fin du XIXe et au début du XXe siècles, par l'intrusion des confesseurs dans la vie sexuelle des couples catholiques.

François rappelle (EG 43) que : *Saint Thomas d'Aquin soulignait que les préceptes donnés par le Christ et par les Apôtres au Peuple de Dieu « sont très peu nombreux ». Citant saint Augustin, il notait qu'on doit exiger avec modération les préceptes ajoutés par l'Église postérieurement « pour ne pas alourdir la vie aux fidèles » et transformer notre religion en un esclavage, quand « la miséricorde de Dieu a voulu qu'elle fût libre ».*

François conclut : *Cet avertissement, fait il y a plusieurs siècles, a une terrible actualité. Il devrait être un des critères à considérer au moment de penser une réforme de l'Église et de sa prédication qui permette réellement de parvenir à tous.*

7° L'écoute sélective

Cette pratique généralisée conduit les responsables à ne s'entourer que de personnes pensant comme eux et à ne pas examiner les motivations des propositions différentes ou des plaintes.

8° Le « on a toujours fait ainsi ».

Dans Evangelii Gaudium, François y est revenu plusieurs fois : *la pastorale en terme missionnaire exige d'abandonner le confortable critère pastoral du « on a toujours fait ainsi »* (EG 33). Il invite les prêtres à une grande souplesse : *parfois il se mettra devant pour indiquer la route et soutenir l'espérance du peuple, d'autres fois il sera simplement au milieu de tous dans une proximité simple et miséricordieuse, et en certaines circonstances il devra marcher derrière le peuple, pour aider ceux qui sont restés en arrière.* Pourquoi ? *parce que le troupeau lui-même possède un odorat pour trouver de nouveaux chemins* (EG 31).

Il avait été précédé par Benoît XVI qui appelait à *améliorer l'organisation pastorale, afin que, dans le respect des vocations et des rôles des consacrés et des laïcs, on encourage graduellement la coresponsabilité de l'ensemble de tous les membres du Peuple de Dieu. Cela exige un changement de mentalité particulièrement concernant les laïcs* [afin de ne plus les considérer comme] *« collaborateurs » du clergé,* [mais de] *les reconnaître réellement comme « coresponsables » de l'être et de l'agir de l'Église, en favorisant la consolidation d'un laïc mûr et engagé*[45].

En bref les Papes nous invitent à changer des habitudes qui en un autre temps ont eu leurs raisons d'être. L'engagement des coresponsables sera toujours plus fort que celui d'exécutants qui n'ont pas été associés, à leur rang, à la définition de la mission et des moyens à mettre en œuvre. Tel est le sujet du prochain synode tout au moins en matière de coopération entre laïcs et clergé.

Mais n'oublions pas qu'il a fallu un siècle pour qu'après le Concile de Trente, soient démontés les jubés qui séparaient les prêtres des laïcs lors des offices.

IV - La nécessité d'un traitement complet

Face à l'abondance des causes de distanciation de tant de catholiques, on pourrait être tenté de faire confiance à quelques solutions-miracles alors que c'est l'arbre en entier qu'il faut traiter : feuillages, branches porteuses, tronc et racines. Aucune

---

[45] Benoît XVI, au Congrès ecclésial du diocèse de Rome, 26 mai 2009 dont le thème était « Appartenance ecclésiale et co-responsabilité pastorale ».

faille ne doit être négligée. Se focaliser sur quelques-unes serait inefficace à long terme. C'est pourtant ce qui risque de se produire.

J'en ai fait l'expérience avec un ministre de la Santé dont j'attirai l'attention sur un détail susceptible d'améliorer les résultats médicaux tout en générant des économies et dont l'utilité avait été démontrée dans plusieurs pays techniquement avancés : ayant par un rapide calcul constaté que ces dernières ne couvriraient qu'une infime partie du déficit, il rejeta cette proposition. Or la réduction du coût des soins implique la mise en œuvre d'une multitude de petites mesures par tous, acteurs de santé et consommateurs. Il en est de même pour l'Église : si elle veut renouer la confiance entre laïcs et clercs et redonner envie de revenir à ceux qui l'ont quittée, il faut creuser chaque faille jusqu'aux racines.

Attardons-nous sur un exemple : la difficulté éprouvée par de très nombreux catholiques à transmettre leur foi ou à répondre de façon attractive aux questions de leurs jeunes ou à démonter des attaques d'amis contre le Christ, la foi et l'Église.

Pourquoi ces difficultés ? Il y a deux raisons. D'abord leur ignorance des fondements qui différencient notre foi des autres doctrines ; d'autre part, l'absence de formation à la discussion respectueuse et fructueuse avec nos prochains. J'en ai raconté les méfaits dans mon expérience personnelle avec les prosélytes communistes et on retrouve ces deux manques souvent dans l'histoire des effondrements successifs de la foi. Comment ne pas s'inquiéter de la solidité de la foi de ces ignorants ?

Celle d'un ami a vacillé après la lecture d'un livre de Prieur et Mordillat sur le Christ et l'Église[46]. En réponse à ses questions, les prêtres lui conseillèrent de prier. Or ce n'était pas son âme qui avait faim, mais sa raison. Sa paroisse, comme bien d'autres, n'offrait que des soirées de prière, des pèlerinages et des actions

---

[46] Jérôme Prieur et Gérard Mordillat sont deux journalistes qui ont créé une série télévisé intitulée *Corpus Christi* (Arte, 2020) après avoir publié plusieurs livres sur le même thème, notamment *Jésus après Jésus* (Seuil, 2005) qui s'inspire de la célèbre phrase d'Alfred Loisy : *Jésus annonçait le Royaume, et c'est l'Église qui est venue.*

caritatives. D'autres amis se sont éloignés de l'Église après avoir lu des romans/interprétations historiques bien médiatisés sur Jésus ou Saint-Paul. Certains ont été ébranlés par un contact superficiel avec d'autres religions : soudain, les cérémonies de leurs paroisses leur semblèrent bien ternes, comparées aux grandes prières collectives du vendredi dans la rue autour d'une mosquée voisine ou de la ferveur des foules indiennes aperçues lors de voyages touristiques ; et les pèlerinages catholiques leur parurent bien moins enthousiasmants que ceux du Hadj ou du Kumbh Mela[47].

Ce n'est pas seulement de piété que ces catholiques ont besoin, mais aussi d'explications, de formation, d'approfondissement de la foi. Même à Paris, des amis m'ont fait part de leurs recherches désespérées : rien dans la bibliothèque paroissiale et leurs prêtres peu accessibles, faute de possibilité de rendez-vous programmés ; des cours, mais sans débats véritables au Collège des Bernardins ; n'importe quoi sur internet...

Pourquoi ne pas suivre l'exemple du judaïsme ? Les synagogues organisent des séances d'étude le samedi après-midi. Les Loubavitchs parsèment les villes de salles d'étude et de prière situées à moins de 15 minutes des lieux d'habitation ou de travail. Pourquoi n'organisons-nous pas l'identique à des moments bien choisis dans nos paroisses ? Si un prêtre ou un sachant était à disposition, la salle d'étude serait fréquentée par des quêteurs de Dieu, ne serait-ce que par des chômeurs et des retraités. J'ai constaté personnellement combien il est difficile de trouver un interlocuteur apte à répondre intelligemment à des questions précises.

Si on suit le fil de l'objectif « mieux former intellectuellement les catholiques », on arrive à de multiples actions : revoir l'organisation et l'évaluation du catéchisme pour la part de connaissances, repenser le choix et la présence d'acteurs disponibles pour des écoutes formatrices, inclure dans les

---

[47] Le Hadj réunit chaque année plusieurs millions de musulmans et le Kumbh Mela réunit en Inde tous les douze ans vingt millions d'hindous, comme j'ai pu le voir en 2007.

objectifs des homélies l'importance et les moyens d'autoformation, faire de la publicité pour les moyens existants appropriés, créer des salles d'étude à des moments choisis dans toutes les paroisses avec une présence accompagnante, créer un organe de détection et gestion de crise pour diffuser un argumentaire lorsque paraît un livre déstabilisant comme celui cité ci-dessus.

Bref cela conduirait à établir une stratégie de formation pour catholiques que ne peuvent remplacer les soirées de prière et les pèlerinages, aussi importants soient-ils. Quand des clercs disent ne pas avoir de temps à consacrer à ces problèmes, beaucoup de catholiques-engagés estiment que leur formation est une priorité.

Ce n'est qu'un exemple parmi d'autres. Chaque autre thème évoqué ci-dessus mérite une démarche similaire. On voit que leur traitement implique deux conditions sur lesquelles le Pape François a attiré notre attention :
- Pour qu'il y ait changement des pratiques, il faut changer les mentalités car *un changement des structures qui ne génère pas de nouvelles convictions et attitudes fera que ces mêmes structures, tôt ou tard, deviendront corrompues, pesantes et inefficaces* (EG 189).
- Ce changement doit associer toutes les composantes du Peuple de Dieu : *Il est impossible d'imaginer une conversion de l'agir ecclésial sans la participation active de toutes les composantes du peuple de Dieu. Plus encore, chaque fois que nous avons tenté de supplanter, de faire taire, d'ignorer, de réduire le peuple de Dieu à de petites élites, nous avons construit des communautés, des projets, des choix théologiques, des spiritualités et des structures sans racine, sans mémoire, sans visage, sans corps et, en définitive, sans vie*[48].

C'est pourquoi François nous appelle tous : *J'invite chacun à être audacieux et créatif dans ce devoir de repenser les objectifs, les structures, le style et les méthodes évangélisatrices de leurs propres communautés* (EG, 33).

---

[48] François, *Lettre au Peuple de Dieu*, 20 août 2018.

Dans les chapitres suivants, nous analyserons, sans tabou ni langue de buis, dans un esprit d'amour et de vérité, ce qui relève de chacune des composantes de l'Église : en premier de l'Institution qui édicte les règles, puis des clercs qui les appliquent sur le terrain avec leurs orientations personnelles, et enfin des laïcs qui œuvrent sous leur patronage. Nous essaierons de faire un état des lieux, d'analyser la cohérence avec la doctrine de l'Église et de montrer ce qui a dysfonctionné et en quoi cela a pu décourager et éloigner de l'Église beaucoup de catholiques bien enracinés.

Nous montrerons que les corrections de ces dysfonctionnements ne sont ni révolution, ni « protestantisation », mais fidélité à l'Église. Par exemple, lorsque les fidèles demandent à être informés, consultés et associés aux décisions pastorales de leur paroisse, ils n'ont pas l'intention de contester l'autorité de leur curé mais d'en démultiplier l'efficacité missionnaire.

Nous montrerons enfin que pour que cette collaboration ne sombre pas dans la cacophonie ou un parlementarisme improductif, les membres des communautés catholiques devront apprendre à travailler ensemble - ce qui ne sera pas facile après des siècles de passivité - et que cela nécessitera une préparation et un encadrement auxquels la hiérarchie devrait s'atteler dès aujourd'hui.

III

Ce que peut l'Institution

Les différentes Églises chrétiennes ont hérité d'une conception hiérarchique de l'autorité par transmission directe, même si chacune la conçoit différemment. Le Christ s'est choisi des apôtres (c.-à-d. des envoyés) parmi ses disciples et, vingt ans plus tard, Saint Paul, a décrit la transmission de l'autorité par l'imposition des mains ainsi que la diversité des dons et des ministères dans l'Église naissante[49]. Dans l'Église catholique, l'autorité suprême, est détenue par le Pape, évêque de Rome et considéré comme « le successeur de Pierre », ainsi que par l'assemblée des évêques lorsqu'ils sont réunis à sa demande. L'hégémonie doctrinale du Pape a été renforcée par le dogme de l'infaillibilité pontificale promulgué en 1870, alors que son autorité temporelle sur les états pontificaux devenait de plus en plus discutée dans le contexte d'aspiration à l'unification des états italiens[50]. Cette autorité connaît des degrés : elle est indiscutable lorsqu'elle porte sur la doctrine, prépondérante pour l'organisation de l'Institution[51], forte en matière d'orientations morales individuelles et sociétales, mais plus discutable lorsqu'elle aborde les recommandations pratiques contextuelles.

---

[49] I Tm 4,14 et I Co 12,4-30.

[50] Elle ne fut utilisée qu'une seule fois pour la proclamation du dogme de l'assomption, en 1950, après que la consultation de tous les évêques du monde ait recueilli 90 % d'avis favorables.

[51] Après des fluctuations au cours des siècles, notamment au concile de Constance (1414), la primauté du Pape reste effective comme le montre le rejet par l'encyclique Querido Amazonia des hésitations des évêques sur l'ordination d'hommes mariés lors du concile sur L'Amazonie (2019).

Responsabilité écrasante pour une seule personne quand on considère la multitude des tâches, spirituelles, organisationnelles et relationnelles avec un très grand nombre de populations aux cultures, problématiques et modes de vie différents. La disposition d'un lourd appareil avec de nombreux ministères et une multitude de collaborateurs ne simplifie pas l'exercice de l'autorité.

Cette hiérarchie pyramidale comporte donc le Pape à la tête, les évêques *en communion avec lui* (LG 8) dans chaque diocèse et les curés représentants des évêques dans leurs paroisses. Cette organisation de la gouvernance contribue à la préservation de la doctrine ainsi qu'à son approfondissement à la lumière de la Tradition, résultat des recherches, conflits, discussions et consensus durant deux millénaires. Mais elle comporte le double risque d'erreurs de directives pratiques par une mauvaise appréciation des *circonstances propres à notre temps* selon l'expression de Lumen Gentium et de réduction des catholiques à un état de soumission déresponsabilisant pouvant aller jusqu'à l'endormissement de la pensée.

Chacun sait que gouverner, c'est parfois devoir choisir le moins pire. Pensons aux difficultés de Pie XII devant combattre simultanément le nazisme avec la Shoah, le communisme avec les goulags, le capitalisme avec ses injustices, les nationalismes avec leurs dérives fascisantes. Il n'est donc pas étonnant qu'au cours des siècles cette gouvernance humaine ait changé de cap à de nombreuses reprises pour répondre aux problématiques successives et qu'après coup, certains choix se soient révélés préjudiciables sur le fond (Mirari Vos, 1832) ou en matière d'opportunité et de manière de transmettre (Humanae Vitae, 1968).

Aujourd'hui, devant le décrochage de tant de catholiques, bien des fidèles, parce que co-responsables de l'annonce, se demandent si l'Institution contribue à répandre la foi en Jésus-Christ, principale mission qui lui fut confiée par ce dernier, ou si elle est devenue « écran ». Ce qui conduit à douter de la cohérence entre son comportement et sa doctrine. Et de là, quels changements, dans le respect de la doctrine fondamentale et des fonctions hiérarchiques, pourraient la rendre plus attractive ?

Examinons quelques secteurs parmi les plus sujets à discussions.

I – L'unité entre clercs et laïcs

En dehors de fidèles inébranlables, inconditionnellement, beaucoup, nous l'avons vu, ne font plus confiance à l'Institution et cette méfiance nuit à la communion, à la collaboration et à la mission. L'unité ne supprime pas la diversité. Elle permet à celle-ci d'enrichir les différents composants et de les solidariser dans la mission. Comment s'est creusée cette fracture ?

Historiquement elle résulte de la conception hiérarchique de l'autorité lors de la fondation[52]. Le problème n'est pas de remettre en cause ce point doctrinal mais d'en préciser la manière de l'exercer et l'étendue des champs. Porte-t-elle jusqu'au moindre détail pratique ? C'est bien ainsi que la conçoivent une grande partie des ecclésiastiques. Ils justifient leur position par la parabole du « bon berger » qui décrit un troupeau totalement passif. Or François nous rappelle que dans chaque texte nous devons chercher l'intention de l'auteur (EG 148). Celle de Jésus fut-elle d'assigner aux laïcs, le rôle de moutons passifs jusqu'à l'abattoir, ou de décrire les qualités du pasteur ? L'Église ne l'a jamais appelée la parabole des « bons moutons ».

La doctrine de l'Église sur les rôles respectifs semble claire : Vatican II, dans Lumen Gentium (30-38) a précisé les missions propres aux laïcs en tenant compte des *circonstances spéciales à notre temps* [...] *Ils sont appelés tout spécialement à assurer la présence et l'action de l'Église dans les lieux et les circonstances où elle ne peut devenir autrement que par eux, le sel de la terre* [...] *Ils peuvent encore de diverses manières être appelés à coopérer plus immédiatement avec l'apostolat hiérarchique.* [Le baptême fait d'eux] *des témoins en les pourvoyant du sens de la foi et de la grâce de la parole afin que brille dans la vie quotidienne, familiale et sociale, la force de l'Évangile* [...] *Les pasteurs, de leur côté, doivent reconnaître et promouvoir la*

---

[52] Mt 16,19.

dignité et la responsabilité des laïcs dans l'Église, ayant volontiers recours à la prudence de leurs conseils, leur remettant avec confiance des charges au service de l'Église, leur laissant la liberté et la marge d'action, stimulant même leur courage pour entreprendre de leur propre mouvement. Ce difficile équilibre nécessite de la part de tous, clairvoyance et humilité, courage et persévérance, initiative et respect des fonctions, esprit de force et esprit de communion.

Cette conception est-elle appliquée quand, une majorité d'évêques et de curés, quelles que soient les intentions affichées, agissent selon le principe « les clercs dirigent et les laïcs font ce qu'on leur demande » ? Quand ils prennent leurs décisions sans consulter les fidèles, ni les informer, y compris en matière de formation et d'évangélisation ? Quand leurs appels aux dons ne s'accompagnent que de « propos convenus » sans réel bilan des actions entreprises, ni exposé des difficultés et des projets, et sans faire appel aux propositions des fidèles ?

Cette manière de faire est-elle adaptée aux *circonstances actuelles* alors que les prêtres, de moins en moins nombreux et accablés par de croissantes tâches administratives, ont et auront de moins en moins de temps à consacrer à l'évangélisation qui devrait être leur tâche première ? Doit-on en rester au *on a toujours fait ainsi* (EG 33) lorsqu'il s'agit non de doctrine, mais de détails pratiques ?

Pour lutter contre la méfiance grandissante envers la hiérarchie, nombre de prélats agitent le concept selon lequel « l'Église c'est nous tous »[53] : ils jouent sur la confusion entre les *deux éléments humain et divin*, alors que dans la réalité, ils décident seuls sans consulter les laïcs. Les fidèles, éduqués dans la passivité et trop heureux d'avoir encore des prêtres, gardent un silence respectueux. Mais que pensent-ils, notamment ceux qui exercent des responsabilités, des professionnels de toutes sortes aux mères de famille ? L'ordination est-elle gage d'intelligence et d'omni-compétence ? Le monopole décisionnel des

---

[53] *Lumen Gentium*, chapitre « Le peuple de Dieu », (8-14). *L'ensemble de ceux qui regardent avec la foi vers Jésus, auteur du salut, principe d'unité et de paix, Dieu les a appelés, il en a fait l'Église* (9).

successeurs des apôtres s'étend-il aux applications pratiques dans des domaines qu'ils connaissent mal ou auxquels ils n'ont que peu de temps à consacrer ? N'ont-ils pas le devoir d'associer davantage des laïcs disposant de connaissances ou de compétences particulières ? Qui rompt l'unité pour laquelle nous prions à chaque messe ? Pour en sortir, qui doit changer son comportement ?

Le développement chez ceux-qui-réfléchissent d'attitudes « protestantes » a souvent été la conséquence d'un double sentiment d'infantilisation par leur curé et d'une gestion autiste en l'absence de consultation et d'utilisation des évaluations[54]. Il était prévisible que les laïcs aux initiatives systématiquement refoulées sans discussion par leurs curés et tenus à l'écart sauf pour des prêchi-prêcha, en viendraient à mépriser cette manière de gouverner et à prendre leur distance avec leur paroisse, et de là parfois avec toute l'Église.

Certes la situation varie selon les diocèses, mais globalement, il y a un fossé entre la réalité et l'appel de Benoît XVI à *améliorer l'organisation pastorale, afin que, dans le respect des vocations et des rôles des consacrés et des laïcs, on encourage graduellement la co-responsabilité de l'ensemble de tous les membres du Peuple de Dieu. Cela exige un changement de mentalité particulièrement concernant les laïcs* [afin de ne plus les considérer seulement comme] *« collaborateurs »* du *clergé,* [et de] *les reconnaître réellement comme « coresponsables » de l'être et de l'agir de l'Église, en favorisant la consolidation d'un laïc mûr et engagé*[55].

À la question - que changer pour que l'Église donne à nouveau « envie » d'y adhérer ? – Benoît XVI a fourni la réponse : il faut travailler à un *changement de mentalité.*

Comment ? Comment faire pour que les grandes orientations pastorales soient précédées d'une consultation des laïcs, pour que la désignation des membres des conseils diocésains et paroissiaux ne se fasse plus en vase clos, pour que ces membres

---

[54] Lire dans La Croix du 4 novembre 2019, l'article sur ce sujet.
[55] Benoît XVI, au Congrès ecclésial du diocèse de Rome, 26 mai 2009 dont le thème était « Appartenance ecclésiale et co-responsabilité pastorale ».

servent de relais entre l'Institution et les fidèles dans les deux sens, pour que les initiatives individuelles non sollicitées soient examinées ?

Un tel *changement de mentalité* ne peut se faire sans des directives plus claires et une formation adaptée dans les séminaires.

II – La manière de gérer

Lorsque les démissions d'une organisation se comptent par dizaines de milliers, on est en droit de s'interroger sur sa manière de gérer.

Une conception d'origine féodale

Durant une partie de l'année, j'habite aux confins du Vaucluse et de la Drôme. En cette région, comme dans une grande partie de la vallée du Rhône, la seule radio chrétienne accessible sur les ondes est celle du diocèse de Nîmes qui diffuse des informations sur le Gard, mais exceptionnellement sur les vastes diocèses voisins. J'ai donc contacté son responsable et celui du Vaucluse. En vain... Il ne serait pas difficile à cette radio d'allouer de petites minutes d'information aux diocèses voisins pour leurs annonces. Ainsi s'établirait une collaboration : les prêtres conseilleraient des émissions éducatives, ce qui en augmenterait l'audience.

Le fait que les catholiques de cette partie du Vaucluse et de la Drôme, ainsi que d'autres diocèses, soient condamnés à n'entendre d'informations que sur les événements de Nîmes, ville située à plus d'une heure de chez eux, n'est qu'un détail, direz-vous. Non ! Cet exemple illustre l'absence de volonté des autorités ecclésiastiques de dépasser les frontières « administratives » pour s'adapter aux territoires géographiques, ce qui ne nuirait en rien aux prérogatives des évêques dans leurs diocèses. Cette inadaptation à la réalité illustre le comportement féodal de chaque diocèse.

Ni objectifs précis, ni évaluations

La méconnaissance de l'utilité des uns et des autres pour ajuster moyens et stratégies, et optimiser les résultats a des conséquences préjudiciables dans de nombreux domaines. Prenons l'exemple des connaissances délivrées par le catéchisme : celui-ci a pour objectif de transmettre à la fois un « vivre en chrétien » et des « fondements doctrinaux » ; si le premier objectif peut difficilement être évalué, il n'en est pas de même du second : au terme d'une période éducative, il serait utile de savoir ce qu'il en reste.

Un autre exemple concerne les homélies : étant donné le nombre d'églises à l'acoustique défectueuse et d'homélies peu nourrissantes, est-ce qu'une évaluation par les pairs ou des laïcs missionnés portant sur l'audibilité, la compréhensibilité, l'apport doctrinal, etc. n'aiderait pas les prédicateurs à progresser ? Car à quoi sert une homélie au fond très riche mais qu'on n'entend pas ou prononcée d'une voix si monotone qu'on ne l'écoute pas ?

Un objectif bien précisé est presque atteint, disait Abraham Lincoln. Toutes les bonnes entreprises, y compris dans l'éducation, se servent des objectifs et des évaluations pour optimiser leur efficience. Leur méconnaissance par la hiérarchie est la principale responsable du fait que trop d'homélies soient des occasions ratées, voire contribuent à vider les églises, et que rien ne soit fait pour y remédier.

Le faible relais des textes des Papes

Nos Papes abattent un travail remarquable sur tous les fronts. Leurs encycliques, exhortations apostoliques, motu proprio, etc. sont des mises au point doctrinales majeures associant rappel des fondements et implications pratiques dans le monde aujourd'hui. Pourquoi les curés jusqu'à présent ont-ils si peu incité les fidèles à les travailler ? Considéraient-ils que ces documents ne concernent que les spécialistes ? Certains passages heurtant les coutumes du temps, pourquoi ne les ont-ils pas davantage expliqués et ont-ils si rarement organisé des débats où les laïcs auraient pu poser leurs questions ? Est-ce en occultant l'enseignement des Papes (et les passages difficiles des Évangiles) qu'on instruit les catholiques ? Comment s'étonner

" L'évaluation périodique des résultats"

indispensable pour les sociétés industrielles...

...mais inappropriée pour l'Eglise...

qu'avec de telles pratiques, les orientations données dans les textes pontificaux soient si peu suivies ? Au début de ma vie active je n'ai rien su de Nostra Æetate ou de Sacro Sanctum Concilium. Plus près de nous, les grands événements de l'Église comme la Déclaration commune sur la Doctrine de la Justification par la Foi avec les luthériens, ou la Déclaration d'Abu Dhabi avec de hautes autorités de l'Islam sont des tournants par rapport aux caps précédents et ont d'importantes répercussions. Pourquoi ces décisions, leurs bases fondamentales et leurs applications ont-elles été si rarement expliquées dans les paroisses ? Comment se fait-il qu'en France, la majorité des prêtres aient ignoré le document « Inspiration et Vérité de l'Écriture Sainte [56] » qui recadre la manière de lire la Bible en réconciliant l'exégèse et les connaissances historiques actuelles ? Comptaient-ils sur les conférences des Instituts spécialisés [57] et les articles des journaux confessionnels alors qu'ils n'atteignent qu'un public limité ? Préféraient-ils laisser le champ libre aux rapports critiques ou ricaneurs des médias non-confessionnels ?

Une armée de travailleurs indépendants

La même carence de cohésion s'observe parfois au sein des diocèses. Un prêtre m'a dit avoir attendu plus d'un an que son évêque accepte de le recevoir. Pareillement, une fois intronisés « capitaines » de leur paroisse, certains curés ignorent les directives de leur évêque et ne lui font pas remonter les informations. Quand ils le font, des curés se plaignent de n'obtenir aucune réponse. Dans certaines paroisses, les vicaires agissent sans liaison avec leur curé et ne sont pas invités à participer au choix des orientations et actions communes. J'ai même connu un curé qui refusait de serrer la main de son vicaire lors du signe de paix !

---

[56] Commission Biblique Pontificale, *Inspiration et Vérité de l'Écriture Sainte*, Cerf, Bayard, Fleurus-Mame, 2014.
[57] À Paris, le Collège des Bernardins et le Centre Sèvres des Jésuites font un excellent travail de formation mais malheureusement pour un trop petit nombre d'inscrits.

Dans une paroisse, un jeune vicaire avait une communication orale si défectueuse que tous s'en plaignaient. Aucun n'osant le lui dire pour ne pas le décourager, je m'en ouvris au curé avec qui ma femme et moi entretenions une respectueuse amitié pour qu'il l'en informe. Rien ne changeant, au terme de quelques mois, j'abordai directement ce jeune prêtre. Après un moment d'hésitation, il accepta de s'entraîner devant la vidéo et fit de tels progrès que les paroissiens l'en félicitèrent. Pourquoi ce curé ne lui en avait-il pas parlé ? Tout se passe dans ces équipes comme si la survie de l'harmonie passait par « l'évitement » des possibles désaccords.

Il m'est arrivé de chercher des bénévoles pour une action particulière : essayez donc de faire passer l'information dans les médias d'Église... Il ne serait pourtant pas difficile aux radios chrétiennes d'y consacrer chaque semaine une plage dédiée.

La trop faible réactivité aux problèmes et attaques

Les attaques contre la foi, contre l'Institution ou contre les règles éthiques défendues par l'Église sont nombreuses et protéiformes. Lorsqu'elles sont directes, la défense peut être difficile, mais elle est toujours possible. Lorsqu'elles sont sournoises, utilisant des moyens comme les fausses nouvelles, les déformations historiques ou les caricatures, il est plus difficile de les démasquer et de rétablir la vérité. Ce fut le cas de la fiction « Le Vicaire », écrite par un ancien membre des Jeunesses hitlériennes, qui accusa Pie XII de ne pas avoir défendu les juifs durant la Shoah, ou du roman « Qumran », écrit par la fille d'un rabbin, qui accusait l'Église de retarder la publication des manuscrits trouvés dans les grottes de la mer Morte parce qu'ils contredisaient les Évangiles. La liste est longue des fausses informations qui grugèrent profondément un public ignorant et amateur de sensationnel. Une réaction rapide et bien argumentée aurait évité des cascades de dégâts.

Ayant été informé précocement des extensions idéologiques de la théorie du genre, j'avais demandé à un responsable ecclésiastique chargé de ce domaine au diocèse de Paris, de rédiger un argumentaire simple à diffuser aux parents d'élèves et aux enseignants catholiques : il me répondit qu'il ferait ultérieurement une conférence... Résultat : il se passa plusieurs années avant que de tels argumentaires ne circulent. Ce retard de réactivité permit l'intoxication d'une partie du milieu éducatif.

Pour nous prémunir contre ces retards et l'inorganisation des réponses, j'ai suggéré à un évêque, secrétaire de la CEF à l'époque, de créer une cellule de crise, composée de trois sections : une veille, chargée de récolter les informations, un comité d'étude et de réponse qui ferait appel aux personnes les plus compétentes dans les structures diverses (le clergé diocésain, mais aussi les ordres religieux comme les jésuites ou les dominicains, et les associations catholiques), et enfin un organisme de diffusion des réponses. Il me fut répondu que tout allait pour le mieux dans le meilleur des mondes !

III – La réflexion sur les choix stratégiques

Certains de ces choix ont eu des effets ravageurs.

La condamnation sans nuances de la « lecture historico-critique » de la Bible à la fin du XIXe siècle et durant un demi-siècle éloigna beaucoup de lettrés. Depuis, l'Église considère que *le fruit positif apporté par l'usage de la recherche historico-critique moderne est incontestable* (VD 34) et tous nos contemporains ont été informés du caractère symbolique d'un grand nombre de textes fondateurs de la Genèse, rejoignant en cela la vision d'Origène[58]. Pourtant l'Institution continue à être décrédibilisée par des prêtres qui font encore « comme si » Adam et beaucoup d'autres événements bibliques s'étaient passés tels qu'ils ont été décrits. Se rendent-ils compte des dégâts dont ils sont responsables ?

La quantité de décrochages provoquée par la publication de l'encyclique Humanae Vitae a déjà été évoquée. Attardons-nous sur la douzaine de « pourquoi », généralement restés sans réponses. Pourquoi le Pape n'a-t-il pas montré un chemin de responsabilité comme le faisait Jésus, au lieu de proférer des interdits ? Pourquoi a-t-il décidé l'inverse des conclusions de la

---

[58] Origène, Père de l'Église, vers 250, *Traité des Principes*, IV, 3, 1 : *qui serait assez sot pour penser que comme un agriculteur, Dieu a planté un jardin en Eden et a fait dans ce jardin un arbre de vie, visible et sensible [...] ?*

commission qu'il avait chargée de l'étudier et de l'avis d'une partie des évêques ? N'était-ce pas attiser l'incendie que de la publier durant la révolution intellectuelle et morale de mai 68 ? Pourquoi s'est-il focalisé sur ce sujet quand il y avait tant de dérives plus préoccupantes comme la promotion de la liberté sexuelle ? Pourquoi avoir attaqué la vie de couples catholiques profondément croyants et souvent très engagés ? Pourquoi avoir hissé la contraception au même degré de gravité que l'avortement ? Pourquoi avoir conseillé une méthode naturelle dont l'efficacité nécessite une vigilance particulière, peu compatible avec l'emploi du temps des mères de famille, surtout lorsqu'elles exercent un métier ? Pourquoi avoir privilégié des arguments théoriques plutôt que les risques parfois dramatiques de l'arrivée d'un enfant non désiré (conséquences économiques, conflits familiaux, enfants mal-aimés, parfois abandons) ? Pourquoi ne pas tenir compte du fait qu'une contraception vaut mieux qu'un avortement, voire dans les cas extrêmes, un infanticide ? Pourquoi imposer cette obligation à des pays déjà surpeuplés en méconnaissance des conséquences catastrophiques, surpopulation, famines et manque d'eau, explosions de racisme et de guerres ? Pourquoi les interrogations démographiques ont-elles été si peu débattues et n'ont-elles reçu que des réponses du type : « les ressources alimentaires des océans sont illimitées », alors qu'elles étaient inconnues[59].

Certes une minorité de catholiques ont respecté les interdits, mais la très grande majorité cessèrent d'écouter. En dehors de tout jugement sur le fond, on peut se demander si cette publication ne fut pas une erreur stratégique. Surtout si on se réfère aux paroles du Christ lors de son dernier discours : *j'ai encore bien des choses à vous dire mais vous ne pouvez les porter maintenant.* Marc en témoigne : *il leur annonçait la parole dans la mesure où ils étaient capables de l'entendre*[60]. Saint Thomas

---

[59] Il y a un demi-siècle, les milieux ecclésiastiques argumentaient que l'exploitation des océans fournirait des ressources alimentaires illimitées et on ignorait les projections démographiques. Mais aujourd'hui ?
[60] Jn 16,12 et Mc 4,26.

d'Aquin enseigna : *dans le message moral de l'Église, il y a une hiérarchie dans les vertus et dans les actes qui en procèdent*[61].

Depuis, l'Église n'aurait-elle pas dû transformer ces interdits en recommandations plutôt que de continuer à les présenter comme des péchés ? François rappelle que *Saint Thomas d'Aquin soulignait que les préceptes donnés par le Christ et par les apôtres au peuple de Dieu « sont très peu nombreux ».* Citant Saint-Augustin, il notait qu'on doit exiger avec modération les préceptes ajoutés par l'Église postérieurement « pour ne pas alourdir la vie aux fidèles » et transformer notre religion en un esclavage « quand la miséricorde de Dieu a voulu qu'elle fût libre (EG 43) ».* L'Église n'est-elle pas revenue sur l'interdiction de lire la Bible, sur l'aveuglement social de plusieurs Papes avant Rerum Novarum, sur le regard porté sur les juifs et sur bien d'autres décisions présentées comme sans appel ?

Il est temps aussi de s'interroger sur l'opportunité de maintenir l'interdiction faite aux catholiques de participer aux loges maçonniques à une époque où ceux qui font les lois en sont généralement membres.

IV – L'éducation religieuse des laïcs

Son délaissement relève d'un triple défaut de motivation, de conception et d'organisation. Le premier est dû à la sous-estimation de l'importance de l'adhésion intellectuelle, sous prétexte que la foi étant un don de Dieu, ne repose ni sur des connaissances ni sur des démonstrations. C'est oublier que *toute la formation chrétienne est avant tout l'approfondissement du kérygme qui se fait chair toujours plus et toujours mieux* (EG 165). Certes la transmission de la foi passe d'abord par des rencontres, rencontres avec des croyants et/ou avec une communauté priante et généreuse, mais la foi est autant une adhésion de l'intelligence que du cœur. N'est-ce pas ce que sous-tend le mot « credo » ? À notre époque, cette instruction est d'autant plus indispensable, que chaque jeune sera rapidement

---

[61] Cité par François dans Evangelii Gaudium, 37.

confronté aux autres religions ou formes de pensée : l'hédonisme relativiste, le bouddhisme, l'islam et l'athéisme militant. Toutes présentent une part séduisante.

Benoît XVI a réaffirmé [62] que *ces deux dimensions, foi et raison, ne doivent pas être séparées ni opposées, mais doivent plutôt toujours aller de pair. Comme l'a écrit Augustin lui-même peu après sa conversion, « foi et raison sont les deux forces qui nous conduisent à la connaissance. »* Et de rappeler *les deux formules augustiniennes qui expriment cette synthèse cohérente entre foi et raison : « crois pour comprendre » (croire ouvre la route pour franchir la porte de la vérité) mais aussi, et de manière inséparable, « comprends pour croire » (scrute la vérité pour pouvoir trouver Dieu et croire)*[63].

Le défaut de conception de cette éducation tient à trois oublis : 1) le contenu de la foi ne se définit pas seulement par « ce-qu'elle-est », mais tout autant par « ce-qu'elle-n'est-pas » ; 2) l'acquisition de connaissances implique beaucoup de réflexion personnelle pour que chacun se les approprie, donc l'utilisation des techniques de pédagogie active à côté des méthodes passives classiques ; 3) il ne suffit pas que les laïcs connaissent le contenu de leur foi : il faut aussi qu'ils soient capables d'exprimer du fond de leur cœur « pourquoi je crois en ce-que-je-crois » et « pourquoi je ne crois pas en ce-que-je-ne-crois-pas ».

Quant aux défauts d'organisation, ils apparaissent à chaque étape de la formation.

1° L'enseignement du catéchisme

Comment l'Église a-t-elle pu laisser cet enseignement dans une telle improvisation ? J'ai raconté au chapitre I, mes deux expériences : celle des années 1980 où notre curé recommandait à ma défunte épouse d'enseigner lors du catéchisme une morale humaniste sans trop parler de Jésus et de l'Église pour ne pas semer d'anticorps ; puis la mienne dans les années 2010 dans deux aumôneries parisiennes, où je constatai que des élèves de terminale ayant suivi un catéchisme classique avaient du mal à

---

[62] Catéchèse, 30 janvier 2008.
[63] Saint Augustin, *Sermones*, 43,9 : *crede ut intelligas, intellige ut credas.*

se repérer dans la Bible et n'avaient pas compris qu'elle était un instrument de travail fondamental.

Certes, il existe de grandes différences d'un enseignement catéchétique à un autre, mais dans bien des paroisses, il est notoirement insuffisant. Les bénévoles à qui il est confié, font ce qu'ils peuvent mais avec peu de moyens et souvent sans préparation aux procédés de formation actuels. Qu'est-ce qui pourrait être amélioré ?

• *La définition d'objectifs précis* – Les programmes gagneraient à être toujours assortis d'une liste d'objectifs précis en termes de connaissances à transmettre et de comportements à faire acquérir [64] ? Le grand flou qui a abouti à l'ignorance actuelle des laïcs est la résultante de celle des responsables. La pédagogie est d'abord une technique. La bonne volonté et l'intuition ne suffisent pas.

• *L'accès à des ressources pédagogiques modernes* – La condition pour que ces ressources soient utilisées est qu'elles soient d'accès facile et gratuit. Pourquoi les catéchistes n'ont-ils pas à disposition un vaste catalogue proposant pour chaque objectif des extraits de bandes dessinées ou de films vidéo ? L'Église ne manque pas de jeunes bénévoles pour constituer une telle banque de ressources. L'intérêt serait double : susciter chez les enfants « l'envie » de s'instruire et aider à la mémorisation.

• *L'évaluation des connaissances acquises* – Le catéchisme a deux objectifs généraux : les comportements qui échappent aux évaluations objectives et les connaissances acquises, de contrôle facile. Les résultats d'évaluations des connaissances permettraient aux élèves de prendre conscience de leurs manques et aux catéchistes d'ajuster leurs efforts. On ne peut progresser qu'en faisant le point. Il pourrait s'agir d'épreuves classiques ou d'autoévaluations anonymes.

---

[64] Pour ceux qui ne comprendraient pas la différence entre les deux, voici un exemple : lorsque j'enseignais une même maladie aux étudiants débutants et aux jeunes chirurgiens, le programme comportait les mêmes titres mais les objectifs (ce que je voulais qu'ils sachent et sachent faire) étaient évidemment différents.

• *L'utilisation de procédés pour donner envie* - À Paris, les juifs organisent un concours de connaissances talmudiques qui suscite une émulation joyeuse comme tous les championnats. Serait-il si difficile que des quiz soient utilisés de temps en temps au sein d'un même groupe ? Ou qu'annuellement soient organisées des compétitions incitatives, d'abord entre les groupes voisins, puis entre les gagnants, comme il en est pour nombre de compétitions sportives ?

• *La priorisation de l'éducation religieuse dans les écoles catholiques* – Bien des parents et des catéchistes se plaignent qu'elle soit la dernière roue du carrosse. On ne peut qu'effleurer ce sujet pourtant très grave. Lors d'une réunion des anciens du collège jésuite de mon enfance, j'ai demandé à son directeur s'il avait une idée du pourcentage d'élèves ayant abandonné toute pratique cinq ans après leur sortie ; il me répondit : « Là n'est pas la question car beaucoup gardent une spiritualité et un engagement caritatif » ! Pourquoi cette démission ? les contraintes du contrat avec l'État ? l'aplatissement devant les souhaits de ceux dont l'objectif premier est le succès scolaire ? un retour à l'idéologie du social d'abord ? ou l'affadissement du sel de la terre ?

En résumé, quand on sait que c'est durant l'enfance et l'adolescence, que les connaissances et les bons comportements s'acquièrent le plus facilement, on s'étonne de l'absence d'objectifs précis, de banque de ressources éducatives et ludiques, et d'évaluations adaptées. Le « Texte national pour l'Orientation de la Catéchèse en France, et Principes d'Organisation » de 2018, a fixé les grandes lignes de l'esprit dans lequel elle doit être faite. Mais il serait bien difficile au catéchiste moyen d'en tirer des applications concrètes : il utilise un langage d'Église peu accessible malgré l'existence d'un lexique ; il énumère des objectifs généraux essentiels, mais aucun objectif précis concernant les principaux comportements et connaissances à transmettre. Ce texte rejoint toutes les lois non appliquées faute de décret d'application.

Puisqu'il existe un « Service national de la catéchèse et du catéchuménat », (SNCC) plutôt que de laisser chaque diocèse se « dépatouiller » avec des moyens très disparates, ne vaudrait-il pas mieux qu'il constitue un véritable corpus national ou chaque équipe paroissiale puiserait en cohérence avec le contexte local ? À l'heure de YouTube, ce corpus pourrait être réalisé par des prélats et des laïcs bénévoles recrutés sur l'appel de leurs curés. Il serait le fruit d'une collaboration entre des équipes dispersées géographiquement, comme il en est depuis des décennies pour nombre de travaux de recherche ou d'enseignement. Suivant les grandes lignes du texte susdit, il serait soumis au contrôle d'un Nihil Obstat confié non à des évêques indépendants qui à la fois manquent de temps et ne peuvent être compétents en tout, mais à une commission ad hoc de la CEF.

Le SNCC a été récemment chargé de développer un site Internet destiné à faire « connaître des ressources de qualité et (à) aider les utilisateurs à s'orienter dans le vaste champ de l'offre disponible ». Il devrait contribuer à mieux former les catholiques.

2° La formation des 18-25 ans

La spécificité de leurs attentes a été généralement sous-estimée, à quelques exceptions près, parmi lesquelles figura Monseigneur Charles durant ma jeunesse[65]. Les prêtres amis à qui je m'en ouvrais, m'ont habituellement opposé toutes les initiatives dans le domaine de la piété (les soirées de prière, les pèlerinages et les récollections qui rencontrent un grand succès), et dans celui de la charité (les propositions de participation à des œuvres caritatives en France ou à l'étranger). Et lorsque je leur demandais ce qui était fait pour fortifier le bagage intellectuel de ces jeunes, certains m'ont répondu que Jésus n'avait fait ni enseignement structuré, ni exposés contradictoires avec les scribes ou les philosophes grecs.

Argument discutable car ceux à qui il s'adressait, les scribes et pharisiens, mais aussi les « petits », étaient depuis leur enfance

---

[65] Il fonda le Centre Richelieu après la Deuxième Guerre mondiale. Ce foyer de réflexion théologique et liturgique contribua à la formation humaine et spirituelle de nombreuses générations de jeunes catholiques et lutta contre l'idéologie procommuniste des syndicats étudiants et de certains mouvements de jeunesse catholiques.

imprégnés d'instruction juive, connaissance des textes mais aussi maniement des mots, un maniement bien différent de nos pratiques, structurant un mode réflexion plus interrogateur et donc plus éveilleur que le nôtre. Tous les juifs pieux consacraient un temps important à leur propre instruction[66]. Dans les Évangiles, on voit que les passages des Écritures cités par Jésus, trouvaient une grande résonance dans les cerveaux de ses auditeurs. Comme il le répéta, il ne faisait que parfaire/accomplir la loi juive qui associait théologie et morale. C'est dans ce monde juif, imprégné de pensée juive, que les premiers apôtres ont d'abord enseigné, allant de synagogue en synagogues. Et l'accès au monde grec nécessita un effort d'adaptation pour ne pas renouveler l'échec de Paul à Athènes.

Les jeunes d'aujourd'hui, confrontés à de multiples référentiels, sont dans une tout autre situation que celle que connut Jésus. En plus de témoignages spirituels, ils ont « aussi » besoin de solides bases intellectuelles. Opposer les uns aux autres est un non-sens. Car il ne s'agit pas seulement de croire en Dieu (ce qui est partagé par beaucoup), mais de croire en Jésus-Christ (ce qui n'est le fait que des chrétiens) et… avec les yeux de l'Église (ce qui n'est le fait que des catholiques) !

Certes depuis peu, on peut se réjouir du travail effectué dans certaines aumôneries étudiantes, ainsi que des parcours Alpha (nés à la suite d'une initiative protestante), mais aussi Even, (véritables initiations dans une ambiance plus participative), Zachée (centrés sur la doctrine sociale de l'Église) et bien d'autres. Mais dans la plupart des diocèses, reste à individualiser un organisme de réflexion spécifique sur les besoins des 18-25 ans, pour définir des objectifs et moyens bien différents de ceux des enfants. Son rôle serait de réunir les informations sur toutes ces initiatives, d'en proposer d'autres et d'en assurer la diffusion.

3° La formation des adultes

Là, les carences sont si nombreuses que je ne m'arrêterai que sur certains aspects.

---

[66] L'instruction est un pilier du judaïsme depuis Esdras, il y a 2 400 ans, jusqu'à aujourd'hui.

• *Les homélies* - Le synode de 2008 [67] a confirmé qu'elles sont actuellement le principal lieu de formation de la majorité des adultes. Chacun sait que si les bonnes homélies remplissent durablement les églises[68], l'inverse est aussi vrai. Contrairement à nos frères protestants pour qui la parole est au centre de la liturgie dominicale, la majorité des séminaristes catholiques sont peu formés à l'homilétique : les conseils portent principalement sur le fond, mais peu sur la forme, comme si elle ne comptait pas. Les auteurs du Ratio qui détermine leur formation[69], quand ils n'ont accordé qu'une seule ligne à l'enseignement de l'homilétique (sans évoquer la nécessité de l'entraînement), ont-ils pris en compte la difficulté de l'exercice, l'importance des attentes, l'absence d'autre lieu de formation pour la majorité des catholiques, les méfaits des mauvaises homélies et les bienfaits des autres ?

Des responsables à qui je m'en suis ouvert au Vatican [70] et dans des séminaires français, lorsque je dirigeais le Service d'Optimisation des Homélies, m'ont rétorqué que les objectifs des années de séminaire étaient le discernement, l'enracinement dans la vocation et l'acquisition des fondamentaux, et que la formation à la pratique devait se faire durant les premières années d'exercice. Cet argument ne tient pas car les prêtres en début d'exercice n'ont que rarement été incités à s'inscrire à des ateliers et, accaparés par leurs nouvelles tâches, ils n'en ont généralement pas le temps. Imagine-t-on de consacrer chirurgien, un étudiant la tête bien remplie mais qui n'aurait jamais opéré ? Implicitement cette formation est confiée aux curés des paroisses auxquelles ils sont affectés, mais la plupart ne le font pas et n'ont pas les compétences nécessaires.

---

[67] Synode consacré à la Parole de Dieu dans la Vie et la Mission de l'Église (Rome 2008).
[68] Celle de Monseigneur Benoît de Sinéty aux funérailles de Johnny Hallyday eut un effet durable.
[69] Le Ratio Sacerdotalis Institutionis Fundamentalis est un document de la Congrégation pour le Clergé qui fixe les normes de la sélection et de formation des clercs. L'actuel date de décembre 2016. Le précédent datait de plus de 30 ans.
[70] Précisément à la Congrégation pour les prêtres.

Or il ne suffit pas d'être un saint prêtre et un fort en théologie pour être un bon communicant. Pour nourrir les intelligences, il faut « savoir » d'abord choisir des objectifs successifs adaptés aux besoins de l'auditoire ; puis structurer le discours de manière à accrocher dès le premier instant, à développer un plan convaincant, à provoquer la réflexion personnelle par des questions, des images et des paraboles et à aider les auditeurs à mémoriser (la sensation de rabâchages inutiles ou de poncifs éculés tient à la méconnaissance de ces impératifs). Pour toucher les cœurs, il faut « savoir » utiliser tous les outils d'expression orale destinés à susciter l'envie d'écouter et d'adhérer (les regards, les variations vocales, une gestuelle et des expressions du visage appropriées).

Bien rares ceux qui possèdent naturellement toutes ces compétences[71]. Dans tous les métiers, c'est en forgeant sous les conseils d'un professionnel qu'on devient « un bon forgeron ».

Le Pape François a donc incité les prédicateurs à travailler : *La préparation de la prédication est une tâche si importante qu'il convient d'y consacrer un temps prolongé d'étude, de prière, de réflexion et de créativité pastorale. [...] Certains curés soutiennent souvent que cela n'est pas possible en raison de la multitude des tâches qu'ils doivent remplir ; cependant, j'ose demander que chaque semaine, un temps personnel et communautaire suffisamment prolongé soit consacré à cette tâche, même s'il faut donner moins de temps à d'autres engagements, même importants.* Il ajoute : *La confiance en l'Esprit Saint qui agit dans la prédication n'est pas purement passive, mais active et créative. Elle implique de s'offrir comme instrument avec toutes ses capacités, pour qu'elles puissent être utilisées par Dieu. Un prédicateur qui ne se prépare pas n'est pas « spirituel », il est malhonnête et irresponsable envers les dons qu'il a reçus.* Pouvait-il être plus clair ?

Il a ajouté qu'il ne suffit pas de travailler le fond ; il faut aussi travailler la forme : *Certains croient pouvoir être de bons prédicateurs parce qu'ils savent ce qu'ils doivent dire, mais ils négligent le comment, la manière concrète de développer une prédication. Ils se fâchent quand les autres ne les écoutent pas*

---

[71] Pour plus de détails cf. *supra*, 39, note 28, *Homélies et (...)*.

ou ne les apprécient pas, mais peut-être ne se sont-ils pas occupés de chercher la manière adéquate de présenter le message. Rappelons-nous que « *l'importance évidente du contenu de l'évangélisation ne doit pas cacher l'importance des voies et des moyens* » (EG 156). De l'expérience acquise auprès d'un millier de prédicateurs, j'ai tiré deux constats. La préparation au cas par cas ne suffit pas si elle n'a pas été précédée d'une préparation générale. Quelles que soient ses difficultés, chacun d'eux progresse en s'exerçant en ateliers, avec l'aide d'une méthode éprouvée et en se confrontant avec l'enregistrement vidéo de sa prestation.

Une des raisons pour lesquelles peu d'évêques incitent leurs prêtres à optimiser leur manière de transmettre est qu'ils n'ont jamais l'occasion de les entendre. J'ai donc proposé un questionnaire simple sur l'audibilité des homélies, leur compréhensibilité et leur attractivité pour que chaque prêtre puisse s'adapter[72]. À ma connaissance, aucun n'a « osé » demander cette aide à ses paroissiens ! Que valait la proposition d'un laïc, même s'il a dirigé des enseignements universitaires de haut niveau ? Quant aux vicaires généraux lors de leurs visites périodiques, ils n'ont pas le temps d'aborder ces « détails », comme me l'avoua l'un d'eux.

• ***L'accompagnement des funérailles*** - Dans certains diocèses, les effectifs permettent que les célébrations soient faites par un prêtre ou un diacre, le réconfort et la préparation étant confiés à une équipe laïque dédiée. Dans d'autres, la pénurie oblige à confier aussi la célébration à des laïcs, sélectionnés et missionnés. Il est même arrivé que, pour ne pas créer de jalousie entre chrétiens, un évêque interdise la contribution d'un prêtre extérieur, ami de la famille. Ces laïcs sont souvent bien formés. Ailleurs ils se plaignent d'être insuffisamment préparés à cette mission difficile. Les nombreux documents écrits ou aisément accessibles sur Internet ne remplacent pas une formation adaptée aux milieux socioculturels locaux. Or les funérailles sont une opportunité exceptionnelle.

---

[72] Il est accessible sur le site <Clespourhomeliesheureuses.org.>.

Depuis les premières civilisations, elles ont toujours rassemblé les communautés au-delà de leurs divergences et conflits. L'adieu au défunt et les marques de compassion aux survivants confrontent chacun à sa propre finitude et à sa finalité. Les participants sont généralement très divers. Beaucoup sont d'ex-fidèles ou des agnostiques ou des athées, voire sont adeptes d'autres religions. La plupart n'ont que rarement pris le temps de réfléchir au sens de leur vie et de leur mort. C'est donc une occasion exceptionnelle de témoignage et de formation aux fondamentaux de notre foi.

Car chaque mort rejoint la Résurrection du Christ qui illumine la vie de tout chrétien. Notre foi n'est-elle pas fondée sur la certitude d'une vie dans l'invisible, différente certes mais plus heureuse que tout ce que nous pouvons imaginer avec nos connaissances limitées et avons vécu ici-bas ? Une vie dans l'amour de notre Créateur ! Le célébrant ou son délégué doivent donc aider à dépasser nos réflexes terriens, l'attachement à ce que nous connaissons et la peur de l'inconnu, et aviver cette espérance qui dort au fond du cœur de beaucoup. Il y a cinq millénaires, ce que nous appelons « le Livre des Morts », était nommé par les Égyptiens « le Livre pour sortir au Jour » et ses rites avaient pour objet de faire pénétrer le défunt dans la Lumière personnifiée par le dieu soleil. Avec le Christ, l'espérance d'hier est devenue certitude.

Plusieurs de mes amis, connaissant mon engagement pour les homélies, m'ont dit leur étonnement devant la froideur de certaines célébrations qui leur étaient apparues guère différentes des « cérémonies du souvenir » athées. J'ai raconté au chapitre I, l'accueil d'un prêtre qui avait son homélie standard. Pardonnez-moi d'ajouter une autre anecdote. Récemment, un de mes proches, très remonté contre l'Église pour des raisons précises ayant eu, selon son souhait, « un direct au crématorium », une partie de ses parents et amis désiraient, en plus, se réunir dans une messe de semaine afin de prier pour lui. Je m'en ouvris au curé local, lui expliquai la situation et lui demandai d'en tenir compte dans son homélie. Il me répondit que le nom du défunt serait cité. J'insistai pour qu'il dise quelques mots de notre espérance chrétienne. Il me répondit « Vous n'allez pas m'apprendre mon métier » ! Je ne pus me retenir de lui demander calmement s'il s'était interrogé sur sa part de responsabilité dans l'incroyable chute du nombre de participants aux messes en Bretagne, en deux décennies. Ce prêtre sut surmonter son amour-propre : le lendemain, l'homélie fut si émouvante et si instructive que certains participants me dirent avoir changé leur vision négative de l'Église. La cérémonie des funérailles devrait toujours être ressentie non comme un rite et une tradition, mais comme l'expression de la fraternité/solidarité/amour d'une communauté vis-à-vis de celui qui nous quitte et de ceux qui pleurent la rupture. Elle est l'élément le plus visible d'un accompagnement doublement motivé par l'amour que nous portons à nos frères et à Dieu. Cet accompagnement est insuffisamment sollicité dans les paroisses et généralement oublié dans la liste des actions de charité. Pourquoi ? Les deux objectifs complémentaires que sont la consolation de ceux qui restent et cette catéchèse, ne sont-ils pas inscrits dans nos chairs ? Pourquoi nos prêtres nous invitent-ils si rarement à prier pour les équipes d'accompagnement des funérailles ? Comment se fait-il que la formation d'une équipe laïque à cette fin ne soit pas un objectif prioritaire de toutes les paroisses ? Un accompagnement absent ou médiocre est simplement une opportunité « exceptionnelle » ratée !

Reste le problème du lieu. Malheureusement, soit que les familles n'en voient pas l'intérêt, soit par mesure d'économie, nombre de funérailles « sautent l'église »[73]. Funérariums et Crématoriums accueillent des cérémonies familiales avec des liturgies laïques émotionnelles. Les catholiques doivent-ils ou non les accompagner ? Certains évêques s'y opposent pour inciter leurs paroissiens à passer par les églises. Qu'aurait fait celui qui a dit : *J'ai eu faim et vous ne m'avez pas donné à manger... Chaque fois que vous l'avez fait à l'un de ces plus petits, qui sont mes frères, c'est à moi que vous l'avez fait...* ?

- **L'incitation à l'autoformation** - Il est actuellement démontré qu'aucun enseignement passif (comme le sont les homélies et les conférences) n'a l'efficacité de l'apprentissage personnel à partir de ressources sélectionnées et bien

---

[73] En 2009 (1er novembre), un article du Parisien estimait à un quart la proportion de funérailles célébrées hors d'une église.

accompagné. Comment les chrétiens l'ont-ils oublié alors que nous sommes issus d'un judaïsme pour lequel l'étude a toujours été et reste encore un devoir essentiel ? Les juifs sont incités à étudier dans les synagogues ou dans des salles d'étude organisées à cet effet, et à défaut, dans toutes les maisons marquées par une mezouza (petit rouleau fixé au linteau droit des portes d'entrée). L'objectif des Loubavitchs, nous l'avons dit, est que des salles d'étude soient accessibles à moins de quinze minutes des lieux d'habitation ou de travail[74].

Pourquoi l'Institution Catholique a-t-elle accordé si peu d'importance à l'étude ? Mauvaise interprétation des discussions du Christ fustigeant les scribes et les pharisiens ? Historique tendance des clercs à préserver le monopole du savoir ? Peur des déviances ? Un chirurgien qui ne consacrerait pas un peu de son temps à son autoformation, serait rapidement dépassé par les progrès techniques.

L'autoformation pose quatre problèmes : l'incitation, les ressources, l'accompagnement et le lieu. Les ressources sont multiples. Reste à inciter chacun à y recourir en les classant par domaines de formation. Pourquoi l'Institution ne conseille-t-elle pas aux paroisses de mettre à disposition des listes de livres expliquant notre foi, les raisons qui nous poussent à y adhérer et celles qui nous font rejeter les autres doctrines ? Pourquoi ne les invite-t-elle pas à promouvoir l'utilisation des ressources en ligne comme les MOOC (Massives Open On-line Courses) du Collège des Bernardins de Paris ou proposées par d'autres prêtres ?

L'accompagnement et le lieu pourraient être aisément résolus, si chaque paroisse ou groupe de paroisses consacrait une salle à cet effet avec la présence à des moments choisis d'un prêtre ou d'un sachant sélectionné. Il suffirait que ce lieu dispose d'une bibliothèque sommaire et d'un ordinateur, de quelques tables et chaises, et d'un emplacement isolé pour discuter avec l'accompagnateur. De telles salles seraient vite fréquentées par les laïcs en recherche de réponses à leurs questions, à commencer par les retraités et les chômeurs. Reste la question de la capacité des prêtres à accompagner cette attente. Il y en a forcément au moins un dans chaque paroisse ou groupe de paroisses.

---

[74] Il y en aurait près d'un millier à Paris.

Pour changer, il faudrait d'abord que la Hiérarchie prenne conscience de l'ampleur de l'ignorance de la majorité des catholiques et de sa responsabilité dans les décrochements actuels.

V – La formation des laïcs à l'Évangélisation

Pourquoi les laïcs participent-ils si peu à l'annonce du « salut » alors que les Évangiles et les textes officiels récents [75] en font une mission pour tous les baptisés ? Lumen Gentium, on l'a vu, indique clairement que les laïcs doivent évangéliser leurs milieux et que la parole a sa place à côté des témoignages de vie. Alors ?

Les fidèles et ceux qui auraient dû les y préparer ont été démobilisés par l'ambiguïté de l'Église sur la manière de faire et les nombreuses réserves perçues lors des rappels de la différence entre les ministères des prêtres et des laïcs. Certes, Lumen Gentium, nous l'avons vu, recommandait aux pasteurs de promouvoir *la responsabilité des laïcs dans l'Église ; ayant volontiers recours à la prudence de leurs conseils, leur remettant avec confiance des charges au service de l'Église, leur laissant la liberté et la marge d'action, stimulant même leur courage pour entreprendre de leur propre mouvement.* Qu'en a-t-il été ? Dans les faits, les clercs ont-ils lu ces recommandations et ont-ils suffisamment incité les laïcs à évangéliser ?

Mon expérience personnelle et celle de beaucoup de ceux qui m'entourent obligent à répondre par la négative. Cette « dépriorisation » par les curés de l'évangélisation par les laïcs a eu pour conséquence que rien n'a été fait pour les préparer aux techniques de discussions qui donnent envie d'écouter et ensuite d'adhérer, notamment au respect des 5 attitudes suivantes : l'indispensable écoute de l'interlocuteur (tant pour lui montrer l'estime que nous lui portons que pour construire à partir de là où il en est) ; l'expression de notre empathie par le sourire et les regards ; la reconnaissance en premier de tout ce que nous

---

[75] Du Décret Ad Gentes de Paul VI en 1965, à Evangelii Gaudium de François en 2013.

partageons dans ses convictions ; le centrage du témoignage sur Jésus-Christ ; enfin l'expression de la joie que nous procure notre foi.

Depuis peu, le Pape proclame l'urgence de relancer l'évangélisation par les laïcs. Enfin ! Mais la Hiérarchie en restera-t-elle à des consignes floues ? Les actions suggérées resteront-elles limitées à celles proposées par les clercs comme des démonstrations publiques dans les rues ou sur les plages, ou seront-elles co-décidées avec les fidèles ? Travaillera-t-on à faire passer l'idée que l'évangélisation est d'abord « un état d'esprit » permanent à l'affût de toutes occasions et qu'elle nécessite une formation minimale sur le fond, mais aussi sur la manière de faire pour éviter d'être contreproductive ? Les prêtres inciteront-ils les laïcs à entreprendre *de leur propre mouvement* ?

L'Institution saura-t-elle trouver le difficile équilibre entre le nécessaire encadrement et la liberté créatrice ? La récente Instruction sur la Mission Évangélisatrice [76] en fait douter tant le rôle des laïcs y est peu évoqué. Là encore rien ne progressera sans un profond changement de mentalité ...

VI – Des comportements qui suscitent l'élan

On n'imagine pas le nombre de laïcs qui ont déserté l'Église parce que leurs prêtres ou leur évêque n'avaient pas répondu à leurs courriers ou éludé une conversation. Cette distanciation peut s'expliquer par l'abondance des tâches. Elle est ressentie tantôt comme l'expression d'un sentiment de supériorité et de mépris à l'égard des laïcs, tantôt comme un manque d'intelligence des clercs, ce qui ne met pas en cause leur autorité spirituelle mais leurs qualités humaines. Au lieu de considérer ces échanges comme des pertes de temps, ces responsables devraient y voir des occasions d'évangélisation ou d'utile réflexion. Car écrit François : *le troupeau lui-même possède un odorat pour trouver de nouveaux chemins* (EG 31).

---

[76] Cf. *supra*, 19, note 6.

Le fait que les évêques et la plupart des curés soient débordés, ne soient pas des surhommes et doivent surfer sur les priorités pose la question de la gestion du temps, de l'organisation et de la délégation, ainsi que du choix des collaborateurs et de leur contrôle, car toute délégation implique une bonne définition des missions et la planification de son contrôle pour éviter les déviances et l'anarchie. C'est dire l'utilité de formations managériales comme en propose Talenthéo[77].

VII – La distinction entre le contextuel et le fondamental

Une société qui n'évolue pas est destinée à périr. L'Église, de par sa nature, peut-elle s'adapter davantage aux attentes et aux problèmes du temps, sans trahir sa mission ? Cette adaptation se heurte à trois grandes difficultés : 1° la rigidité des rouages de l'Institution, objet d'un incessant combat de la part de tous les papes depuis Paul VI jusqu'à François, d'autant que toute réforme ne peut aboutir sans un large consensus, 2° la difficulté de concilier l'innovation et l'indispensable régulation pour éviter la cacophonie ou la déstabilisation, comme après Vatican II, 3° la confusion tenace entre les manières de faire reposant sur des principes fondamentaux et celles adoptées au fil de l'Histoire en fonction de contextes particuliers successifs. Arrêtons-nous sur cette confusion car elle semble être la source de bien des maux.

Nous l'avons vu, toutes les manières de faire, qui ne correspondent plus à notre temps, dénoncées ici, sont en grande partie la conséquence d'un « état d'esprit » basé sur la division du peuple de Dieu en clercs responsables de tout et laïcs simples exécutants. Et cette *mentalité* est la conséquence de la confusion entre Tradition et coutumes anciennes dépourvues de fondement doctrinal.

---

[77] Cet organisme fort de 80 bénévoles propose aux clercs des formations et des coachings pour améliorer leurs compétences en gouvernance et en relations humaines. Contact : www.talentheo.org.

L'insuffisante formation des clercs aux attentes actuelles n'a pas non plus de fondement doctrinal. Elle n'est qu'une erreur humaine. Il en résulte pour la plupart d'entre eux l'incapacité à associer à la gestion toutes les compétences, à préparer les laïcs à une attitude d'évangélisation permanente et à hisser l'éducation chrétienne et la préparation à une transmission intelligente de notre foi au même niveau de priorité que les pratiques pieuses et les œuvres caritatives.

Il en est de même pour la sélection et la formation des responsables : si durant des siècles hors les périodes de dévoiement, la sainteté et la solidité théologique étaient les seuls critères pour choisir un bon évêque, aujourd'hui le « bon pasteur » doit aussi être un bon gestionnaire, un bon manager, un bon communicant, un bon pédagogue et être capable d'incorporer à sa gestion les moyens humains utilisés par toutes les entreprises efficientes. De même que pour la gestion des services hospitaliers, les capacités cliniques et thérapeutiques d'un médecin ne suffisent pas à faire un bon chef de service, il y a eu de nombreux exemples où un prêtre qui avait été remarquable en tant que curé, se révéla incapable de diriger un diocèse et d'entraîner l'adhésion de ses collaborateurs, prêtres et laïcs.

La difficile distinction « entre le fondamental et le contextuel » semblant être la clé d'une grande partie des carences, a-t-elle fait l'objet d'une réflexion théologique suffisamment confrontée aux attentes et connaissances de notre temps ? Tandis que les bouleversements du monde et les ajustements qu'ils nécessitent se multiplient, attendrons-nous que l'audience de l'Église ait davantage diminué et que le nombre des clercs ait encore chuté ?

Déjà en Europe, les diocèses sont obligés de se restructurer pour continuer à assurer les célébrations eucharistiques et l'éducation, de faire des choix immobiliers difficiles et de réorganiser les paroisses ; les prêtres peuvent de moins en moins assumer toutes leurs fonctions en restant les seuls décideurs de chaque détail ; les laïcs sont de plus en plus réticents à assumer des tâches sans avoir participé aux décisions et à financer le Denier de l'Église sans être consultés sur les choix du diocèse ou de leurs paroisses.

VIII - La place des femmes

Ce problème ne sera qu'effleuré tant leur réduction au rang de simples exécutantes apparaît « décalée » dans la société civile occidentale actuelle et alimente les critiques au sein et à l'extérieur de l'Église catholique. D'autant que les femmes sont majoritaires non seulement dans la participation aux messes, mais aussi dans les cohortes de bénévoles engagées au service de l'Église.

Cette conception repose là encore sur une interprétation particulière des textes fondateurs et de l'Histoire de l'Église. D'abord, la Genèse ; ce texte sur laquelle l'Église base sa vision anthropologique est « inspiré » certes, mais composé dans le contexte mental de l'occupation perse ; *or l'obéissance à ce que l'Auteur a voulu communiquer implique que l'on sache distinguer entre ce qui, dans une page biblique, est partie intégrante de la Révélation et ce qui, au contraire est une expression contingente, liée à des mentalités et des mœurs d'une période historique déterminée*[78]. Ensuite, le fait que Le Christ n'ait pas nommé de femmes parmi ses apôtres : position de fond ou liée au contexte, à la tradition hébraïque [79] et aux mœurs des pays méditerranéens de son temps ? L'absence de femmes dans les instances judaïques rend la réponse évidente. Il ne faut pas s'étonner non plus que Saint-Paul, alors qu'il s'est appuyé sur des femmes entreprenantes, ne parle que des « anciens » et jamais d'anciennes. Mais qu'en aurait-il été si, à son époque, le statut des femmes avait approché celui de notre temps ?

En 2020, François a nommé sœur Nathalie Becquart[80], consulteur du Synode général des Évêques au Vatican. Une première ! Que dit-elle ? *Ce problème ne concerne plus seulement les femmes, mais aussi les évêques et le Pape lui-même*

---

[78] Commission Biblique Pontificale, *Qu'est-ce que l'Homme ? Un itinéraire d'Anthropologie biblique ?* Cerf, 2020.
[79] Exprimée par la prière : *Merci mon Dieu de ne pas m'avoir fait femme*. Cette bénédiction du matin prononcée par les juifs de sexe masculin est interprétée de nos jours comme la soumission à la volonté de Dieu.
[80] Sœur Nathalie Becquart est Xavière et a été Directrice du Service d'Évangélisation des Jeunes et des Vocations de France.

car si nous n'allons pas plus loin, de plus en plus de femmes continueront à quitter l'Église.

Quels sont les arguments contre ? Dans une rencontre entre un évêque et la théologienne Anne Soupa sur la place des femmes dans l'Église[81], un aveu du premier en dit long : *J'ai rencontré des femmes évêques anglicanes et je dois dire que cela m'a paru étrange de voir une femme avec une crosse et une mitre, des attributs que j'associe plutôt au masculin...* Nous rejoignons en cela l'Islam où la rareté des imams féminins, relève plus de la coutume que d'une impossibilité doctrinale[82].

Les femmes qui aspirent à des fonctions pastorales, souvent des théologiennes ou des religieuses, ne le font pas par goût du pouvoir, mais par désir d'utiliser davantage leurs compétences au service de l'Église. Tandis que la Hiérarchie répond qu'on doit plutôt chercher à décléricaliser (tiens !) et le Pape qu'il faut explorer d'autres voies, des curés croient devoir chasser les filles du service d'autel...

Alors comment évoluer ? Un *changement des mentalités* ne se fera pas sans un gros travail de définition par l'Institution des divers domaines de responsabilité prenant en compte pour chacun d'eux les compétences autant que les vocations spécifiques. Le Synode sur la synodalité en offre l'opportunité. Mais il y a mille raisons de freiner et mille moyens de détourner une croisade.

*   *   *

Les problèmes humains sont l'inévitable complément de la vocation spirituelle de l'Église : si elle n'est pas du monde, elle

---

[81] La Croix, 6 décembre 2019. Monseigneur Vesco, dominicain est évêque d'Oran ; Anne Soupa a dirigé la revue Biblia et fondé le Comité de la jupe, qui promeut l'égalité des femmes et des hommes au sein de l'Église catholique et cofondé la Conférence catholique des baptisé(e)s francophones, mouvement réformateur.

[82] Virginie Larousse, « Mon imam est une femme », in *Le Monde des Religions*, 04, 2019. La comparaison s'arrête là car les fonctions et significations des prêtres, des rabbins et des imams sont loin d'être superposables.

œuvre dans ce monde. Les catholiques ne renoueront avec l'unité (tout en gardant leur diversité) et la dynamique des premiers chrétiens que si l'Institution corrige, une fois de plus, les défaillances qui ont contribué à l'effondrement actuel. Il ne faut donc pas s'étonner si, devant la profondeur du gouffre, plusieurs centaines de ceux qui ont répondu à l'enquête « Réparons l'Église » ont réclamé un Vatican III.

Parce que cet essai est consacré aux réformes nécessaires pour que l'Église redevienne attractive – notamment pour ceux qui l'ont quittée - et que cela implique une enquête sans concession sur les dysfonctionnements, il a caricaturalement méconnu les innombrables réalisations spirituelles et caritatives qui font la beauté de l'Église. On connaît des centaines de saints canonisés, mais que sait-on des millions d'anonymes ? C'est surtout cela l'Église ! C'est pourquoi, après les pires crises, elle s'est toujours redressée.

Nous n'en sommes qu'à un éphémère instant de l'Histoire. Inévitablement, d'autres difficultés surgiront demain. Gardons confiance, mais réveillons-nous !

Il est avec nous *jusqu'à la fin du monde.*

IV

Ce que peuvent les clercs

Si l'Institution dicte les règles et conduites, ce sont les clercs qui les appliquent dans des contextes très différents et chacun avec ses orientations personnelles. Ce chapitre va inévitablement revenir sur certains aspects développés au chapitre précédent mais ici sous l'angle de la vie des paroisses. Les curés et les prêtres, étant les intermédiaires entre l'Institution et les baptisés, le creusement et le comblement de la « Fracture » dépendent en grande partie de leurs comportements. Leurs activités sont parmi les plus difficiles tant les milieux auxquels ils s'adressent sont variés ; la plupart œuvrent avec une générosité admirable. Cependant *si une partie des personnes baptisées ne fait pas l'expérience de sa propre appartenance à l'Église, cela est peut-être dû aussi à certaines structures et à un climat peu accueillant dans quelques-unes de nos paroisses et communautés, ou à une attitude bureaucratique pour répondre aux problèmes, simples ou complexes de la vie de nos peuples,* écrit François (EG 63).

Les prêtres qui se sentiraient blessés par les lignes qui suivent doivent d'abord se souvenir de l'estime que les fidèles ont pour eux, pour le don total de leurs vies et leur dévouement, pour le caractère sacré de leur ordination. J'ajoute la profonde amitié qui me lie à certains d'entre eux et ma reconnaissance pour ce qu'ils m'ont apporté personnellement[83]. J'ai toujours éprouvé un mélange d'admiration, d'affection et d'inquiétude devant chacun d'eux : séminaristes à la veille de l'ordination, issus de milieux

---

[83] J'en ai rencontré plusieurs centaines en France, en Belgique et à Rome lorsque je coordonnais le SOH et j'ai œuvré dans cinq séminaires très différents.

différents et aux parcours variés, tous habités par une foi profonde, abandonnant tout projet personnel pour servir le Christ et leurs frères quels que soient les chantiers qui leur seront confiés par leur évêque ; jeunes prêtres entourés d'adolescents et de jeunes filles aux comportements souvent provocateurs ; curés des villes, souvent accablés de charges administratives et financières chronophages au détriment de la pastorale ; curés de campagne parcourant chaque jour des routes dangereuses avant de se retrouver terriblement seuls le soir avec les risques de dépression et d'alcoolisme ; prêtres âgés consacrant leurs dernières forces à seconder des curés plus jeunes, pas toujours compréhensifs ; prêtres venus d'ailleurs devant affronter des manières de vivre et des comportements différents, souvent la solitude et parfois la défiance. Des personnalités variées, mais une unanimité d'abnégation ! Quel autre « statut » affronte une telle multitude de différences socioculturelles et de comportements psychologiques [84] ? Comment ne pas dire aussi mon admiration pour les évêques si peu préparés à des charges si complexes et qui s'efforcent toujours d'exercer leur mission au mieux. Ces héros font rarement l'objet d'une reconnaissance officielle[85]. Tous se savent *vases d'argile*, porteurs d'un immense trésor[86].

Mais l'humilité, le respect et l'empathie ne doivent pas occulter le devoir de vérité. Ne pas avertir quelqu'un d'un péril n'est pas marque de respect, mais refus d'assistance ! « *Reconstruire l'Église* [87] », ne peut se passer d'un examen de conscience. Clercs et laïcs, nous sommes tous serviteurs. Les dysfonctionnements doivent devenir des

---

[84] Lire le désopilant *Monsieur le curé fait sa crise* de Jean Mercier, Quasar, 2016.

[85] Une exception fut Don Helder Camara qui reçut le prix Nobel de la Paix en 1974 pour son action de défense des petits et sa lutte contre les violations des droits de l'homme au Nordeste malgré une très forte campagne du gouvernement brésilien de l'époque. Lors d'un entretien que j'eus avec lui bien longtemps après, je pus constater la simplicité dans laquelle il vivait.

[86] II Co 4,7.

[87] Selon l'expression de Monseigneur Aupetit, au lendemain de l'incendie qui détruisit la voûte et la flèche de Notre-Dame de Paris au printemps 2019.

tremplins pour demain, comme en médecine l'analyse des complications passées sert à forger la sécurité ultérieure.

Alors comment faire pour RE-donner aux baptisés qui ont quitté l'Église, « envie » de la rejoindre ? Étant entendu que la variété des paroisses et de leur attractivité interdit toute généralisation, chaque clerc devrait s'interroger le plus objectivement possible sur les grandes causes de décrochage auxquelles il a pu involontairement contribuer : gouvernance autarcique, insuffisance d'attention à la formation des fidèles, oubli de leur rôle dans l'évangélisation, maintien des laïcs dans un statut mineur, décalage du langage... Cet « examen de conscience » implique de mettre de côté les réactions d'amour-propre, les autoflagellations, les recherches d'alibis, les découragements. Certains seront conduits à corriger telle défaillance ; d'autres, une autre. Comme toutes plongent leurs racines dans un « état d'esprit », chacun devra s'interroger sur le sien et ses conséquences. Dans l'Amour et la Vérité.

Au risque de quelques redites, nous aborderons ici sept objectifs d'amélioration qui dépendent des prêtres : des paroisses plus attractives ; des églises et des messes plus inspirantes ; l'évangélisation mieux préparée ; la formation des laïcs priorisée ; les présentations doctrinales et morales rendues plus compréhensibles ; la fin des comportements repoussoirs ; des accompagnements spirituels excluant toute domination.

I – Des paroisses plus attractives

Les paroisses sont les ambassadrices de Dieu ; les images qu'elles reflètent sont un de ses cartons d'invitation. Donnent-elles le sentiment que Dieu invite inlassablement tous les hommes comme le Père guettant le retour de l'enfant prodigue ? Donnent-elles « envie » de venir et surtout de rester [88] ?

---

[88] *Il est nécessaire que la paroisse soit le « lieu » qui donne le désir d'être ensemble et fait grandir les relations personnelles durables. Chacun peut ainsi*

Certains objecteront qu'elles ont toutes une multitude d'activités et que la plupart des prêtres sont suroccupés : catéchismes, activités pour les jeunes, préparations au mariage, animation de groupes divers, visites des malades, aides aux pauvres, aux sans-domicile-fixe et aux migrants, accompagnements spirituels, organisation de soirées de prière, de retraites et de pèlerinages, préparation des homélies et exposés, gestions diverses, etc. ! Tout rajout réduirait les temps nécessaires à la prière, au silence et au repos, et augmenterait le risque de burn-out ?

Oui. Mais il ne s'agit pas tant d'ajouter que de « faire autrement », notamment en se déchargeant sur un plus grand nombre de bénévoles, même si leur sélection et leur motivation nécessitent du temps. Car l'attractivité d'une paroisse tient plus à un « état d'esprit » général qu'à des activités supplémentaires. L'envie de participer à une communauté ne tient pas seulement à ce qu'elle propose en matière de prière et d'actions caritatives. Compte tout autant la chaleur de son accueil, une chaleur qui se traduit par une multitude de détails qui reflètent son « état d'esprit ». La première rencontre ne se fait pas avec la richesse spirituelle d'une paroisse, mais avec les comportements de ses membres et particulièrement de ses prêtres, comportements qui attirent ou qui rebutent. Le « voyez-comme-ils-s'aiment » mal compris a trop souvent transmis l'image d'un cercle peu ouvert aux étrangers, alors que la communauté se voulait et se croyait accueillante. La manière de vivre crée entre l'observateur et Dieu, soit le lien, soit une muraille. Dans l'enquête « Réparons l'Église », le décalage entre l'esprit de communauté prôné et la réalité, a souvent été dénoncé.

La difficulté est d'autant plus grande que les attentes des uns et des autres diffèrent selon les milieux socioculturels et les âges. Quel jeune n'a quitté rapidement une réception d'adultes car il s'y ennuyait ? Quel adulte n'a fui une soirée de jeunes trop bruyants ? D'où la diversité des réactions : les gens de cette paroisse sont trop coincés/trop exubérants ; trop bavards/trop taiseux ; trop heureux/trop tristes ; trop intrusifs/trop fermés sur

---

découvrir ce que signifie « faire partie » et « être aimé ». Instruction de la Congrégation pour le Clergé, 20 juillet 2020.

eux-mêmes ; trop confits en dévotions/pas assez priants ; trop autosatisfaits/pas assez sûrs d'eux-mêmes ; trop directs/trop alambiqués ; trop ceci/pas assez cela... Difficile d'être attractif pour tous !

Cependant on peut lister une douzaine d'attentes assez communes, pour lesquelles les réponses qui dépendent en premier du curé et de ses vicaires, varient considérablement d'une paroisse à une autre.

1° La « conception de l'accueil »
Repose-t-il sur les seuls prêtre(s) et diacre(s), ou a-t-il été largement délégué à des laïcs avec des missions bien ciblées et une large autonomie de manœuvre ? Dans le concret, le recrutement des laïcs pour l'accueil a-t-il fait périodiquement l'objet d'un appel à participation et d'une explication sur son importance, notamment lors des messes dominicales ?

2° La « part d'association des laïcs aux décisions » en matière d'organisation de l'accueil
Les décisions ont-elles été prises sans consultation par le seul curé et ses proches ou après une large consultation ouverte à tous ceux qui avaient quelque chose à proposer ? Comment sont reçus les avis inhabituels ou divergents ?

3° La « perception de l'accueil » par les paroissiens et les personnes extérieures
Fait-elle périodiquement l'objet d'enquêtes et d'une réflexion interne ? L'accueil du (ou des) prêtre(s) est-il ressenti comme limité à des sourires et poignées de mains à la sortie des messes sans invitation à un dialogue vrai, à des propos sous forme de « langue de buis » (situation si fréquente qu'elle a généré cette expression) sans écoute ni apport nourrissant, à des invitations sans échanges autres que des banalités superficielles, à des substituts comme les signes de paix échangés entre des personnes qui ne sortent pas de leur monde imperméable ? Celui des paroissiens n'est-il pas pollué par des attitudes pouvant faire croire à un sentiment de supériorité ou de bulle

fermée ? L'équipe d'animation pastorale de la paroisse (EAP) a-t-elle travaillé à ce que la volonté d'accueil soit perçue par tous ?

4° La « place faite aux femmes » dans l'organisation de cet accueil

À l'heure où certaines sont chef d'État, directrice du FMI et présidente de la Commission européenne, leur a-t-on proposé seulement d'être des exécutantes ou leur a-t-on aussi demandé de participer à l'élaboration des modalités d'accueil ?

5° Les « occasions de rencontres amicales »

La paroisse en a-t-elle institué ? Parmi les témoignages publiés dans « Réparons l'Église », on lit : *depuis plusieurs années, nous servons un café après la messe. Au début contre l'avis de notre curé, qui ne voulait pas d'annonce à ce sujet. Le bouche-à-oreille a triomphé. Puis nous avons mis en place un parcours Alpha avec notre diacre, par le bouche-à-oreille également... Notre curé ne veut pas venir surveiller, car il ne veut pas sortir le soir...* Des bonnes paroles et des cérémonies priantes ne suffisent pas à « construire » une communauté sympathique. A-t-on réfléchi aux raisons de la plus grande attractivité de certaines paroisses orthodoxes ou évangélistes ?

6° Des « lieux d'accueil » chaleureux

La paroisse en a-t-elle créé ? Une paroisse peut-elle prendre une place au centre des vies si elle n'offre qu'un lieu de prière mais aucun lieu où les gens aient « aussi » envie de venir pour échanger, feuilleter des livres, prendre un café, se sentir bien, se reposer, se rencontrer ? Certaines paroisses ne disposant pas de lieux adéquats pourraient peut-être s'inspirer de l'initiative de la cathédrale protestante de Haarlem [89] qui a isolé en son sein une zone de détente avec des distributeurs de boissons ; après un instant de surprise, j'ai constaté que cette zone était fréquentée par des personnes de tous les âges ; cette incitation à entrer dans la cathédrale pour un temps de repos peut déboucher sur une prière ou sur davantage de communauté.

---

[89] Ville des Pays-Bas, proche d'Amsterdam.

7° Des « rencontres culturelles » avec un regard chrétien

La paroisse a-t-elle accueilli des conférences/débats sur les grands sujets sociétaux, l'histoire, les arts ou les civilisations, tous thèmes pour lesquels l'Église peut souvent apporter une vision chrétienne spécifique ? A-t-elle invité ses paroissiens à exposer les thèmes qu'ils ont travaillés ou dont ils ont une expérience ? Pour en avoir organisé durant sept années dans une paroisse de vacances, j'ai constaté le vif intérêt suscité y compris parmi ceux qui fréquentaient rarement la paroisse, et leur changement de regard sur l'Église[90].

8° Des réunions sur les « problèmes de l'Église »

L'une des principales demandes de nos contemporains est d'être informés et de pouvoir débattre. Devant les bouleversements des modes de vie dus à la rapidité des avancées technologiques, ils aspirent à des débats vrais, c.-à-d. ENTRE les participants et non DEVANT eux, à l'inverse de ceux qu'offrent les médias. Ils sont caractérisés par le fait que le temps consacré aux débats est au moins égal à celui des exposés introductifs. Ils doivent être managés par un animateur « expérimenté » qui sache accueillir les avis divergents et imposer l'indispensable discipline. *J'ai eu la chance,* écrit une paroissienne dans « Réparons l'Église », *de vivre dans une paroisse où le prêtre responsable de secteur, pourtant très affecté par la situation, n'a pas voulu passer les choses sous silence et en a discuté avec les différentes équipes.* Plusieurs centaines de répondants à l'enquête se sont plaints de ne pas avoir eu cette possibilité !

En plus d'être un exutoire pour ceux qui ne comprennent pas, ces réunions peuvent être un moyen pour le curé d'informer sur les difficultés, de se faire mieux comprendre, d'éteindre les rancœurs éventuelles et de renforcer la communauté.

---

[90] Ont été abordés des thèmes aussi variés que le développement durable, la drogue, l'éducation, l'écologie, le rôle sociétal des entreprises, l'évolution de l'emploi, la pêche, les associations caritatives, le Mahabharata, Islam et société, la sagesse de la Grèce antique, l'accompagnement des mourants, les mariages qui tiennent, les manuscrits de la Mer Morte, Péguy, Thomas Moore, Etty Hillesum, la Beauté… Les exposés introductifs ont été faits par des paroissiens qui ont partagé leur expérience personnelle ou le fruit de leurs études.

9° Des « échanges sur les questions pratiques »
La paroisse offre-t-elle des occasions de rencontres entre paroissiens et personnes extérieures sur les problèmes communs tels que l'éducation, la transmission de la foi, les démarches administratives, bref, sur les multiples sujets d'interrogation ?

10° Des « rencontres spécifiques à certaines catégories »
La paroisse en a-t-elle organisé avec les handicapés, les mères seules, les célibataires, les jeunes en recherche d'emploi, les veuves et veufs, les professionnels, les retraités, les sans-domiciles-fixe, les communautés immigrées, etc. ? Et a-t-elle délégué certains de ses membres pour les accompagner ?

11° La « mise à disposition de locaux »
La paroisse a-t-elle offert des possibilités de réunion à des groupes de prière et de réflexion qui en cherchaient ? Ayant eu à trouver un lieu pour les réunions périodiques d'un Cercle de Réflexion d'universitaires catholiques, j'ai reçu des réponses très diverses allant d'une contribution normale à un tarif de gangster.

12° Un « accueil pour les professionnels pressés »
Doivent-ils faire la queue lors des permanences sans rendez-vous et aux heures de travail ou leur est-il possible de prendre rendez-vous avec le prêtre de leur choix par un moyen simple ? Durant ma vie professionnelle, avec des semaines de 60 à 70 heures, les difficultés pour rencontrer un prêtre étaient rebutantes.

Ces questions sur la manière d'accueillir pourront en faire surgir d'autres. Le débat ouvrira à des changements structurels et organisationnels, notamment en matière de disponibilité d'un prêtre ou de délégués laïques. Le plus souvent il aboutira à une transformation de *mentalité* et à une plus grande mobilisation des laïcs.

Toutes les paroisses ne pouvant tout faire, la question pour les prêtres, au moins en milieu urbain, est de se demander si elles ont travaillé à s'associer, à se répartir les tâches et à faire circuler l'information entre elles.

II – Des églises et des messes plus inspirantes

Les mêmes qui se conduisent avec désinvolture dans un lieu de prière, gardent souvent au fond d'eux-mêmes une soif profonde de « Sacré ». S'ils ne le trouvent pas dans nos églises, même si c'est en partie de leur faute, ils iront le chercher dans d'autres temples faits de mains d'hommes ou dans la nature.

1° Églises ou halls de gare ?

Dans beaucoup d'églises, en dehors des offices, des chrétiens de tous âges ne se signent pas en entrant, ignorent le bénitier, parlent à haute voix, ou portent des tenues débraillées. Leur comportement n'indique pas qu'ils aient conscience d'être dans la maison de Dieu. Des athées qui en furent témoins, m'ont dit combien ces attitudes les questionnaient.

C'est aux prêtres d'inciter les paroissiens à inculquer dès la petite enfance, le sentiment de sacralité et de respect du lieu. C'est à eux d'attirer leur attention sur ce que leurs attitudes transmettent aux visiteurs de leur rapport à Dieu. Combien de fois n'ai-je rappelé à mes petits-enfants qu'en entrant dans une église, il faut commencer par « dire bonjour à Dieu » en se signant d'un geste ample qui exprime une vraie prise de conscience de la nature du lieu ? Il ne s'agit ni de bigoterie, ni de l'ostentation dénoncée par le Christ, mais d'une élémentaire marque de respect vis-à-vis de Dieu et de ceux qui prient.

Ce respect est dû tout autant par les non-croyants qui viennent en touristes. Il est normal que nos églises anciennes et nos cathédrales leur soient ouvertes, mais faut-il accepter qu'ils se comportent d'une manière totalement indifférente à la signification du lieu ? Sans aller jusqu'à imiter le Christ chassant les marchands du temple, on doit se demander si l'absence de rappel ne contribue pas à en donner une image désacralisée. Dans les mosquées, on est invité à quitter les chaussures de la vie quotidienne. Dans de nombreux pays, à l'entrée des églises chrétiennes et des temples, des voiles sont mis à la disposition des visiteurs dont la tenue est trop désinvolte. Celui qui s'en revêt pour cacher ses jambes nues ou un buste trop exposé fait plus que respecter une mode vestimentaire : il prend conscience que ce lieu est celui consacré à Dieu, même si lui-même est athée. Ce caractère peut aussi être souligné par la diffusion d'un chant grégorien en sourdine. Il est normal que des guides expliquent l'histoire et l'art mais anormal qu'on les laisse se comporter comme sur une place publique. Ne devrait-on pas imposer l'usage de système d'écouteurs individuels pour respecter le silence ?

Le clergé attire-t-il suffisamment l'attention sur ces points ?

2° Liturgie, chemin vers Dieu ou acte fonctionnaire ?

La messe ne devrait jamais être ressentie comme un moment banal ou l'accomplissement d'un rite imposé.

Alors que la majorité de nos contemporains assouvissent leur boulimie sans prendre le temps d'apprécier, d'autres de plus en plus nombreux, souvent sous l'influence des religions asiatiques, redécouvrent l'attention à l'instant éphémère, à toutes les beautés de la nature et à la richesse de chaque événement. Pour nous, qu'y a-t-il de plus précieux que chaque parole de Dieu et de la liturgie ? Pourquoi alors, certains officiants les prononcent-ils comme s'ils n'en comprenaient ni le sens ni l'importance, ou d'une voix monotone, ou si rapidement que les cerveaux ne peuvent suivre ? Ni l'habitude, ni l'obligation de lire pour ne pas se tromper, ni la priorité donnée à d'autres temps comme le silence après l'homélie ou la communion n'excusent cette trahison.

Chaque mot des messes doit être perçu comme étant « parole adressée à Dieu ». Il ne suffit pas que le célébrant les vive ainsi en lui-même ! Il faut aussi que les participants le perçoivent et en comprennent le sens profond, la richesse, l'origine sacrée pour s'y associer. Aucun mot ne devrait être inaudible ou perçu comme anodin. Peu importe qu'il soit dit ou chanté, l'essentiel est qu'il pénètre toutes les âmes.

3° Homélies adultes ou infantiles ?

Combien de fois avez-vous parlé « devant » vos auditeurs en oubliant de leur parler « à » eux ? Combien de participants n'ont entendu vos homélies que partiellement parce que, ne tenant pas compte des défauts de sonorisation de nos églises et de la durée des échos acoustiques, vous n'avez pas respecté les 6 degrés de silence [91] ? Combien de fois avez-vous paraphrasé ou parlé de tout et de rien au risque qu'ils ne retiennent que des bribes ? Combien de fois vos auditeurs n'ont-ils pas suivi parce que vous avez méconnu le travail demandé à leurs cerveaux pour écouter, mémoriser, analyser vos messages, les comparer aux idées concurrentielles et finalement décider d'y adhérer ou de les rejeter ? Combien de fois avez-vous semé le sommeil en délayant des idées ou des conseils mille fois rabâchés ? Combien de fois, faute d'avoir varié vos objectifs et suffisamment nourri chaque partie, n'avez-vous transformé des vérités en poncifs ? Combien de fois n'avez-vous pris vos auditeurs pour des incultes en présentant des extraits de l'Ancien Testament comme historiques quand ce sont des récits symboliques [92] ? Combien de fois vos auditeurs ont eu l'impression que vous ne viviez pas personnellement vos propos parce que vous ne les avez pas regardés, que votre voix n'a pas souligné les points forts, sans gestuelle et avec un visage inexpressif [93] ? Vous parliez « devant eux » mais pas « à eux ». Combien de fois vos auditeurs ont-ils eu l'impression que vous les infantilisiez ?

Benoît XVI et François ont abondamment souligné l'importance des homélies et la nécessité d'un travail de préparation *personnel et communautaire*[94]. La sainteté, les connaissances théologiques et la bonne volonté ne suffisent pas à ceux qui n'ont pas un don inné de l'art oratoire. Donc, pour bien transmettre, la préparation immédiate ne suffit pas : il faut en plus, auparavant, s'entraîner avec une méthode éprouvée et la confrontation devant la vidéo, dans des ateliers comme ceux qu'offrent le SOH ou des coachings gratuits. Par le travail, en construisant à partir des charismes et défauts de chacun[95], ces derniers peuvent devenir des tremplins. Pour ceux qui n'ont pas

---

[91] Leur rôle est double : permettre à l'écho de mourir et aux cerveaux de réfléchir. Didier Mellière, *op. cit.* chapitre I,4 et I,7.
[92] Voir à ce sujet le livre *Inspiration et Vérité de l'Écriture Sainte*. Cf. *supra*, 79, note 56.
[93] *Une personne qui n'est pas convaincue, enthousiaste, sûre, amoureuse, ne convainc personne.* EG 266.
[94] VD 59-60 et EG 135-159.
[95] Renseignements sur le site SOHcatho.org.

la possibilité d'y participer, le livre « Homélies et Prise de Parole Publiques – 30 Exercices pour se Perfectionner » permet de se perfectionner seul ou avec un complice. C'est particulièrement important pour les prêtres difficiles à comprendre du fait de leur éducation étrangère (ce qui représente 1 prêtre sur 3 en France).

Tout commence par l'évaluation. Savez-vous comment vos homélies sont reçues ? Captivantes et nourrissantes ou ennuyeuses et blablateuses ? Vous trouverez sur le site <clespourhomeliesheureuses> une grille d'évaluation qui peut vous y aider. Reste à en avoir le courage et l'humilité.

Dernière question, laissez-vous suffisamment l'ambon à votre diacre ? Il est moins formé que vous mais il a une expérience que vous n'avez pas. Si vous l'estimez insuffisamment préparé, pourquoi ne pas l'aider dans cette préparation ?

4° Lecteurs, formés ou massacreurs de textes ?

Les paroisses sont prises dans le dilemme entre ne confier les lectures liturgiques qu'à quelques collaborateurs entraînés et faire participer le plus grand nombre. Avez-vous organisé dans votre paroisse des séances de réflexion sur l'objectif de la lecture et d'apprentissage notamment de l'utilisation des silences ? Le lecteur désigné au dernier instant, souvent paralysé par l'émotion, n'a pas eu le temps de s'approprier le texte. Comment pourrait-il en faire percevoir la substantifique moelle ? Et s'il ne la perçoit pas, comment pourrait-il la transmettre à l'auditoire ?

Cette formation est aussi utile pour les chefs de chœur et les laïcs qui accompagnent des cérémonies comme les funérailles[96].

5° Orgue aidant la prière ou l'étouffant ?

À un organiste qui nous imposait un superbe concert durant l'offertoire, j'avais demandé à quoi servait sa musique. Il me répondit « à élever les âmes et à éviter que les gens ne s'ennuient durant les silences ». Le brio de ses partitions répondait-il au premier objectif ? N'aurait-il pas mieux valu que nous puissions

---

[96] Le Livre *Homélies et Prises de Parole Publiques* propose un schéma de formation pour les lecteurs liturgiques alliant théorie et exercices, si possible devant la vidéo. Cf. *supra*, 39, note 28.

nous associer en silence à la magnifique prière de l'offertoire :
« Béni sois-tu Seigneur pour ce pain, fruit de la terre et du travail des hommes » ?

Un concert au début et à la sortie, très bien. Mais à la place de la prière, n'est-ce pas un non-sens ? Aux offertoires interminables de ma jeunesse a succédé l'offertoire escamoté. Une fois de plus, sans explications !

6° Quelle place pour les femmes ?

L'alignement sur des coutumes issues du judaïsme au temps du Christ justifie-t-il de chasser les filles du service d'autel et les femmes de la distribution de la communion comme le font certains curés actuellement [97] ? Dans certains pays, des femmes sélectionnées sont invitées à prononcer des homélies[98].

Qui a dit *il n'y a plus ni homme ni femme* ? Il a fallu la Shoah pour que nous prenions la mesure de notre responsabilité dans les courants antisémites. Alors qu'en France et dans une grande partie du monde, tant de femmes sont considérées comme des êtres de second rang, et certaines violentées ou assassinées, vous êtes-vous demandé si la place que vous leur assignez à l'église contribue à faire évoluer les mentalités ou à les figer ?

III – L'évangélisation mieux préparée

Il est nécessaire de passer d'une pastorale de simple conservation à une pastorale vraiment missionnaire (EG 15). On l'a vu, la mission d'évangéliser n'est confiée qu'aux clercs ; faite avec tact et prudence, dans un esprit de témoignage, elle ne saurait être confondue avec un prosélytisme conquérant ; plus qu'en réalisations prédéfinies, elle consiste principalement en un « état d'esprit » à l'affût de toutes les occasions.

Cet état d'esprit, c'est aux prêtres de le semer et d'y préparer les fidèles. De quoi s'agit-il ? De contributions « formelles » à

---

[97] Lire : « Ces paroisses où les femmes ne donnent pas la communion », Claire Lesegretain, La Croix 7/01/2020.
[98] En Suisse et en Allemagne notamment.

des activités structurées comme le catéchisme mais aussi et surtout de *la prédication « informelle »,* largement explicitée par François (EG 127-129), sur laquelle nous reviendrons au chapitre sur la part des laïcs. Comment les y préparer ? En les invitant à se former à la doctrine, mais aussi aux méthodes de dialogue. On sait les erreurs contre-productives auxquelles expose l'absence de préparation technique. Ces méthodes enseignées dans toutes les entreprises industrielles et commerciales, sont trop souvent ignorées dans l'Église.

Chaque prêtre doit donc se poser plusieurs questions :
1° Ai-je commencé à former les laïcs à cette évangélisation de proximité, voire à davantage pour certains d'entre eux, ou est-ce que j'agis comme si j'étais le seul vecteur d'évangélisation ?
2° À côté des incitations à la prière et à la charité, ai-je consacré certaines homélies au pourquoi et au comment de l'évangélisation dans le contexte local ?
3° Ai-je discuté avec les paroissiens des différentes cibles : les jeunes, les déçus de l'Église, les incroyants qui nous entourent, les adeptes d'autres religions, etc. ?
4° Ai-je organisé des débats pour que chacun partage ses expériences en matière d'évangélisation afin que la communauté gagne en expérience collective, en dynamisme et en assurance ? Pour un tas de raisons, elles sont différentes de celles des clercs et sont très situations-dépendantes.
5° Ai-je organisé des ateliers pour « simuler » des témoignages dans les divers contextes rencontrés par mes paroissiens afin qu'ils progressent dans l'écoute des autres pour les mieux comprendre, les rejoindre là où ils en sont et s'enrichir de leur positif, qu'ils privilégient les questions plutôt que les affirmations, les explications plutôt que les dogmes, et qu'ils expriment autant d'amour que de désir de partager ?
6° Ai-je associé des laïcs-volontaires à la détermination des stratégies d'évangélisation de ma paroisse ?
7° Ai-je travaillé à ce que des paroissiens soient formés à l'accompagnement des catéchumènes et quelques-uns, à l'accompagnement spirituel ?

IV – La formation religieuse des laïcs priorisée

La formation des laïcs et l'évangélisation des catégories professionnelles et intellectuelles représentent un défi pastoral important, (EG 102). Limitons-nous ici à celle des adultes, celles des enfants et des jeunes ayant été largement étudiées précédemment. Nous avons vu les conséquences néfastes de l'ignorance des fondamentaux de leur foi par trop de catholiques : fragilité devant les épreuves de la vie, les agressions ou les séductions des autres religions et des grandes sagesses ; incapacité à défendre clairement la foi et l'Église lorsqu'elles sont attaquées ; et difficulté à transmettre un bagage qu'ils possèdent mal dans une société plus informée et plus ouverte sur le monde qu'elle ne l'a jamais été dans le passé.

Sur quoi doit porter cette formation ? D'abord sur les fondamentaux de notre foi, donc sur une meilleure connaissance du Nouveau Testament, de l'Histoire de l'Église et des raisons qui nous ont fait rejeter ces autres choix que nous nommons hérésies. Mais pas seulement ! Pour ne pas tomber dans les séductions des autres courants religieux et devenir capable de discuter sereinement avec leurs adeptes, il faut aussi en enseigner les points fondamentaux et les différences avec notre foi. Rappelons-nous que nos contemporains ne veulent plus se voir imposer une religion mais y adhérer librement, rejoignant le fameux « je comprends ce à quoi j'adhère ; j'adhère à ce que je comprends ». *Une éducation qui enseigne à penser de manière critique et qui offre un parcours de maturation dans les valeurs, est devenue nécessaire* […] *De là la nécessité d'une pédagogie qui introduise les personnes, pas à pas, à la pleine appropriation du mystère* (EG 64 et 171).

Cet appel à *un parcours de maturation* semble ne pas avoir été entendu par beaucoup de prêtres en France : leurs préoccupations se limitent aux incitations à la sainteté, aux activités pieuses et aux œuvres caritatives. Ils n'ont pas mesuré combien les actifs et les jeunes sont soumis à un véritable matraquage idéologique de la part des promoteurs de l'hédonisme, du relativisme et de l'athéisme omniprésent à tous les niveaux de la société, ainsi qu'à la concurrence des autres religions, à commencer par les variantes du christianisme. Ils ignorent aussi que depuis longtemps, nous n'avons ni le monopole de la prière, ni celui des actions caritatives, et que derrière les pratiques, ce qui compte, c'est le sens, un sens qui dans le monde actuel, nécessite un travail intellectuel.

Chaque prêtre, y compris – et surtout – dans les paroisses qui « marchent bien », devrait se poser plusieurs questions :

1° Qu'ai-je organisé dans ma paroisse pour la formation des adultes ?

2° Est-ce que j'incite périodiquement les fidèles à consacrer chaque semaine un peu de temps à leur propre « autoformation » ? En commençant par la lecture de la Bible avec des guides éprouvés pour qu'ils ne s'égarent pas [99] ?

3° Ai-je consacré certaines homélies à une meilleure connaissance des fondamentaux de notre foi ? Et organisé chaque année des conférences-débats sur ces thèmes ?

4° Me suis-je contenté d'enseignements passifs ou ai-je proposé des formations interactives associant l'indication des ressources à consulter, la réalisation d'exposés par les participants, des débats entre ceux-ci et moi ou un sachant délégué ?

5° Ai-je conseillé à mes paroissiens, pour leur « autoformation », des ressources écrites ou sur Internet (telles les MOOC des Bernardins), ou des émissions bien faites des radios chrétiennes et de KTO ?

6° Ai-je prévu dans la paroisse un lieu d'accès libre où ils puissent consulter des livres et les travailler ?

7° Ai-je réservé une plage horaire hebdomadaire durant lesquelles les paroissiens peuvent me consulter sur les sujets doctrinaux qui leur posent des problèmes ?

8° Ai-je recruté parmi les paroissiens des « sachants » qui puissent me seconder dans ces tâches ? Et ai-je veillé à leur formation ?

---

[99] Notamment des guides qui concilient les connaissances historiques et le sens exégétique comme : Jean Potin, *La Bible rendue à l'Histoire*, (Bayard, 2000), Gérard Billon et Philippe Gruson, *Pour lire l'Ancien Testament*, (Cerf, 2007), Charpentier et Burnet, *Pour lire le Nouveau Testament*, (Cerf, 2006), Hugues Cousin et Collectif, *Le Monde où vivait Jésus*, (Cerf, 1998), Benoît XVI, *Jésus de Nazareth*, 3 Tomes, Flammarion et Rocher.

9° Si l'église possède des œuvres d'art riches en messages... ai-je veillé à ce qu'il y ait des cartels explicatifs, lisibles et instructifs pour les visiteurs ? En cette époque où un grand nombre de jeunes et de moins jeunes sont fascinés par les B.D., les mangas et les dessins animés, on peut s'étonner que beaucoup de curés aient oublié le pouvoir éducatif de l'image.

V – Des présentations doctrinales et morales rendues plus compréhensibles

Pour avoir prêché une voie trop intransigeante, Savonarole finit sur un bûcher ! Pour que certaines présentations doctrinales et recommandations morales ne soient plus perçues comme des utopies naïves ou des prescriptions d'un autre temps, il faut aider les auditeurs à faire un certain cheminement spirituel. Attention à ne pas repousser quand on voudrait élever. Arrêtons-nous sur quelques exemples.
• « Celui qui n'a pas tout donné n'a rien donné. » Cet objectif ultime dans la charité en a fait fuir plus d'un ! Le Christ exige-t-il de chacun de nous un renoncement total ? Il nous veut en route vers lui mais il sait que la plupart d'entre nous ne finirons pas dans le dépouillement d'un monastère. Et si on scrute l'épisode du jeune homme riche, la suggestion de vendre tous ses biens répond à son insistance, possiblement inspirée par l'orgueil, à laquelle le Christ réplique par une condition qu'il sait inaccessible. Après un discours sans concession sur les richesses, *les disciples étaient très impressionnés et ils disaient : « qui donc peut être sauvé ? » Jésus leur dit : « aux hommes c'est impossible, mais à Dieu tout est possible »*[100]. Ne vaut-il pas mieux en rester à la parabole du jugement dernier qui, en indiquant la voie, est une révolution ? L'objectif extrême ne peut se comprendre que comme l'étape ultime du voyage : le don total de sa propre personne à Dieu. Autour de moi, mal présentés, ces excès ont détourné plus d'une bonne volonté.

---

[100] Mt 19,25.

Est-ce à dire qu'il ne faut donner de la foi qu'une version édulcorée ? Saint Paul nous recentre sur l'essentiel : *Accueillez celui qui est faible dans la foi, sans critiquer ses opinions.* Il ajoute après avoir donné des exemples : *Cessons de nous juger les uns les autres. Jugez plutôt qu'il ne faut pas être pour un frère, cause de chute et de scandale*[101].

• Un autre exemple caractéristique est la trop grande insistance sur l'Humilité au détriment de la Dignité personnelle et sur la Pénitence sans montrer qu'elle est chemin de Joie. Mon objectif n'est pas d'en minimiser l'importance, mais de dénoncer les méfaits d'un accent trop exclusif qui a généré chez certains, des sentiments d'indignité et de culpabilité et de là, a conduit soit à la dépression (voire à des psychoses), soit au rejet. Leur présentation devrait toujours être équilibrée par l'invitation à la Joie de se savoir aimés de Dieu[102], la Joie de l'Évangile. Quelle tristesse d'entendre : « j'ai été dégoûté de la messe par des reproches permanents » !

• De même, j'ai souvent constaté l'effet répulsif de phrases comme « nous devons pardonner même à celui qui ne nous le demande pas ». La confusion entre l'idéal auquel le Christ nous invite par son exemple sur la croix et les échelons intermédiaires qu'il nous appelle à gravir quotidiennement conduit des bonnes volontés à reculer devant l'impossible ou à se détourner d'une doctrine ressentie comme contraire à la raison. Dans le domaine des fautes morales et des vertus, les clercs font trop souvent « comme si » il n'y avait pas de degrés. Ce n'est pas la même chose d'enseigner de pardonner à celui qui demande pardon, à celui qui ne le demande pas et à celui qui continue d'offenser. Le Christ a demandé le pardon pour ses bourreaux mais j'ai constaté l'effet rebutant pour beaucoup, de cette recommandation lorsqu'il n'est pas rappelé que « pardonner n'est pas faire comme si rien ne s'était passé ». Le devoir de pardon, élément essentiel de l'amour chrétien, devrait toujours être présenté avec des nuances.

Personne n'est à l'abri de tels excès. Rappelons-nous l'effet dévastateur sur les couples chrétiens, de la condamnation par

---

[101] Ro 14 - voir la note de la TOB : le mot opinion peut-aussi signifier scrupule.
[102] Jn 15,11 et 16,24. *Je vous ai dit cela pour que votre joie soit complète.*

Paul VI de la contraception comme une faute aussi grave que l'avortement !

L'adaptation aux différents publics n'est pas chose facile. Une amie, psychothérapeute et agnostique, ne pouvait dormir dans une chambre sans en avoir décroché le crucifix, tant elle avait soigné de refoulements provoqués par un sacrifice sanglant exalté en modèle de vie. Lorsque je lui montrai une reproduction orthodoxe de la rédemption[103], le Christ aux enfers arrachant Adam et Ève de leurs tombeaux, elle s'exclama : « Pourquoi les prêtres ne montrent-ils pas plus souvent cette représentation ? » Chaque prêtre devrait donc se demander s'il ne lui est pas arrivé, par des présentations extrêmes, de rebuter une personne en recherche ? Ou d'exiger d'une personne plus qu'elle ne pouvait supporter [104] ?

VI – La fin des comportements repoussoirs

Avant de voir Dieu, on voit ses représentants. Malheureusement nos comportements sont souvent des contre-témoignages. *Certains chrétiens, prêtres, diacres, laïques, pensent faire partie d'une élite et restent entre eux. Le diaconat favorise-t-il cette légalisation alors que le diacre devrait être le trait d'union entre le clergé et les laïcs ?* peut-on lire dans une des réponses à l'enquête « Réparons l'Église ». L'absence d'esprit « Trait-d'union » ne serait-elle pas la clé du problème ?

Écoutons ces autres réponses : *Je rêve que la paroisse ne puisse plus être chamboulée à l'arrivée d'un nouveau curé décidé à balayer l'œuvre de son prédécesseur. Que la communauté chrétienne locale soit regardée comme un partenaire adulte, à même d'alerter sur les difficultés et d'œuvrer pour préserver l'unité.* Puis : *Ces jeunes prêtres souvent protégés par leur hiérarchie s'en donnent à cœur joie pour faire souffrir à la fois les paroissiens, les laïcs en mission ecclésiale, voir les diacres ; ces personnes exclues par ces jeunes*

---

[103] Du XIIIe siècle, elle orne l'abside de Kariye (ex-monastère Saint Sauveur in Chora) à Istanbul.
[104] Jn 16,12.

prêtres ne parviennent pas à s'en remettre même après des années. Même si la hiérarchie est au courant, rien n'est fait pour pallier ce dysfonctionnement notoire.

Ces jugements sont-ils seulement le fait de chrétiens frustrés dans leurs aspirations ? Un archevêque [105] a écrit : *Si on regarde comment notre Église se donne à voir, il est évident que la première chose que voient les gens, c'est le système paroissial. Il constitue une organisation qui quadrille un territoire, qui veut par conséquent occuper tout l'espace disponible. Il se présente comme une organisation tirée de l'idéologie féodale.* […] *Un curé demeure le chef de la paroisse qu'il a reçue, comme un petit seigneur recevait en fief de son suzerain ce qu'il possédait. Dans cette paroisse le curé gère comme dans une métairie : s'il veut faire du blé, il fait du blé, s'il veut faire de l'élevage, il fait de l'élevage, et ce n'est que par sa bonne volonté qu'il participe à l'action des autres. Chacun est maître dans sa ferme.* […] *Tout remonte aux prêtres, tout ! Il est l'ultime décideur en tout, ce qui renvoie à la conception d'un autre temps.* Et de conclure : *Une des tâches fondamentales devant laquelle se trouve l'Église aujourd'hui, demande donc de repenser sa manière de faire, sa manière de se présenter et par conséquent sa manière d'être.*

Après avoir rappelé que les décisions dans l'Église primitive étaient prises collectivement, suivant en cela le modèle des cités grecques, il ajoute : *Je pense très profondément que la manière de vivre en Église n'est pas adaptée au monde dans lequel nous sommes* […] *On ne peut pas faire des chrétiens des mineurs irresponsables dans l'Église.* Des « mineurs irresponsables », combien de mes amis-engagés m'ont exprimé ce ressenti ! On comprend pourquoi, cet archevêque n'avait pas bonne presse en milieu ecclésial ! Pourtant, nous dit François : *Dans l'Église, les fonctions ne justifient aucune supériorité des uns sur les autres* […] *Concernant le prêtre, sa clé et son point d'appui fondamental ne sont pas le pouvoir entendu comme domination, mais la puissance d'administrer le sacrement de l'eucharistie ; de là dérive son autorité, qui est toujours un service du peuple*[106].

---

[105] Monseigneur Albert Rouet, *J'aimerais vous dire*, Bayard 2009.
[106] EG 104, citant Christifideles laïci.

Chaque prêtre devrait s'interroger : n'a-t-il pas parfois des attitudes distantes et condescendantes ? Est-il prêt à discuter avec ses paroissiens de l'organisation des moyens d'évangélisation ? Lui est-il arrivé de ne pas répondre aux courriers ou de ne pas recevoir des fidèles qui avaient des propositions à faire ? S'entoure-t-il d'un petit cercle de courtisans-dévots au lieu de tisser le trait-d'union avec tout le Peuple de Dieu ? N'a-t-il pas transformé ses fidèles en moutons apathiques et décérébrés au lieu de les dynamiser ?

Ces comportements ont été le terreau des abus sexuels, de la préférence cléricale dans leur gestion, et de l'omerta ecclésiale. Un terreau dénoncé par le Pape François [107] : *Le cléricalisme, favorisé par les prêtres eux-mêmes ou par les laïcs, engendre une scission dans le corps ecclésial qui encourage et aide à perpétuer beaucoup des maux que nous dénonçons aujourd'hui. Dire non aux abus, c'est dire non, de façon catégorique, à toute forme de cléricalisme.* C'est lui qui a permis à des prédicateurs particulièrement respectés d'imposer à d'autres des fardeaux qu'eux-mêmes ne portaient pas. Les expressions insidieuses en sont si nombreuses qu'on ne les remarque plus : le contraste entre l'ampleur des manifestations autour du martyre d'un prêtre français et leur modicité lorsqu'il s'agit de vastes communautés laïques, le mépris souvent affiché vis-à-vis des autres Églises chrétiennes, l'insistance sur des ajouts dogmatiques qui divisent...

Comment remplacer cette Fracture par une « comm-union » qui redonne « envie » de revenir dans l'Église ? Tout commence par la prise de conscience des dégâts qu'elle a engendrée : diminution d'efficacité dans les décisions et le recrutement de collaborateurs dynamiques ; renforcement de la solitude dans l'affrontement des problèmes, ce qui a conduit certains prêtres au burn-out et d'autres au suicide ; déconsidération du clergé diocésain qui fait que certains fidèles ne veuillent plus contribuer au denier de l'Église ; impression des laïcs d'être des chrétiens « mineurs irresponsables » qui les conduit à ne prendre aucune initiative : « À force d'être traité comme un mouton, j'en suis arrivé à ne plus penser » m'a dit l'un d'eux.

---

[107] *Lettre au Peuple de Dieu*, 20 août 2018.

Aux premiers jours de l'Église, Pierre écrivait aux anciens (les prêtres de ce temps) : *N'exercez pas un pouvoir autoritaire sur ceux qui vous sont échus en partage, mais devenez les modèles du troupeau*[108]. Le Christ avait donné l'exemple en lavant les pieds de ses apôtres. *Comprenez-vous pourquoi j'ai fait cela pour vous ? [...] C'est un exemple que je vous ai donné. Ce que j'ai fait pour vous, faites-le aussi* [109]*?*

Chaque prêtre doit donc, dans son « examen de conscience », se demander comment « en pratique » il exerce son autorité : autorité spirituelle ou pouvoir temporel ? Se comporte-t-il en Serviteur ou en *prince qui regarde avec dédain* (EG 271) ?

Dans l'enquête « Réparons l'Église », ces questions ne concernent pas que les vieux prêtres : *Depuis quelques années, les jeunes prêtres de moins de quarante ans ont adopté une attitude qui me remplit de tristesse : dans la paroisse ils ont imposé leur vision que je trouve étriquée et rétrograde de leur ministère en reléguant les laïcs les plus expérimentés à des tâches subalternes.*

La question n'est donc pas de savoir s'il faut faire coopérer davantage les laïcs mais comment le faire dans le respect de la diversité des fonctions et des compétences.

VII – Des accompagnements spirituels excluant toute domination

Il y a plusieurs manières de concevoir ce service d'Église essentiel. Par le passé, il fut fait principalement par des clercs, mais ceux-ci étant de moins en moins nombreux, aujourd'hui, il est aussi confié à des baptisés formés à l'écoute et contrôlés. Mal conduite ou pervertie par un esprit de domination, l'aide à une progression spirituelle s'est parfois transformée en une emprise sur les âmes, aussi dangereuse pour l'accompagnant que pour l'accompagné. Au lieu de mener à une libération, la manipulation insidieuse, même sans mensonge ni imposture, a parfois abouti à une soumission servile et silencieuse.

---

[108] I Pi 5,3.
[109] Jn 13,12.

C'est pourquoi, lors d'une session consacrée aux abus sexuels commis par des ecclésiastiques, la Conférence des Religieux et Religieuses de France (la Corref) ayant constaté qu'ils avaient parfois été commis par des prélats très respectés ou occupant une place élevée dans la hiérarchie, a édicté des mesures préventives [110] : l'accompagnateur doit accepter de se faire superviser ; l'accompagné doit être prévenu du risque et être invité à se demander si après les entretiens, il se sent plus libre et sinon, à prendre le large.

* * *

Ils ont sacrifié leurs vies pour mener leurs frères au Christ, mais ces défaillances ont contribué à en éloigner beaucoup ! Rappelons-nous les chiffres du tableau page 16 et tous ces catholiques qui en sont arrivés à ne plus voir en l'Église qu'un repoussoir ! Hier, les prêtres pouvaient ignorer leur part de responsabilité… Mais aujourd'hui, après tant de témoignages ! Ce constat ne doit pas les conduire au découragement mais à la « rénovation ». Passer d'une Église-en-deux-parties à un Corps plus humble, plus fraternel, plus aimant, plus co-responsable, utilisant mieux « les talents » de chacun, ne peut qu'aboutir à des communautés plus dynamiques et à un meilleur service.

Cependant nombre de prêtres expriment des craintes et des réticences qu'il nous faut examiner. Que craignent-ils ?

• **La perte de considération** – Au-delà de son aspect banalement humain[111], cette crainte concerne le respect dû aux prêtres. Ce risque doit être mis en balance avec le jugement très critique porté actuellement sur la valeur humaine et les compétences techniques de ceux qui monopolisent l'autorité[112]. Il en est de même pour les

---

[110] Elle a réuni à Paris, le 9 décembre 2019, des Supérieur(e)s de communautés, des victimes, des psychothérapeutes et des juristes.

[111] Le problème n'est pas nouveau : à peine le Christ venait-il d'annoncer la nécessité de son sacrifice que ses apôtres se demandaient lequel d'entre eux était le plus grand ! *Celui qui accueille en mon nom cet enfant m'accueille moi-même… et accueille Celui qui m'a envoyé* (Lc 9,48).

[112] « Je ne le garderais pas une semaine dans mon équipe » m'a dit un dirigeant d'entreprise en parlant d'un prêtre dont il appréciait par ailleurs l'engagement pastoral.

évêques[113]. Il est probable que plus les clercs s'associeront les membres de leur communauté, plus le respect envers eux sortira grandi.
• **La confusion avec un parlement démocratique** – L'objectif étant non de remplacer l'autorité qui doit rester aux prêtres mais de mieux partager les informations et de comprendre les raisons des opinions divergentes avant les décisions, gageons que des catholiques mieux formés ne tomberont pas dans ce piège.
• **L'instauration de la cacophonie** – Il est vrai que bien des catholiques doivent apprendre à travailler « mieux » ensemble. Mais ce risque est faible si la « coopération », placée sous le regard de l'Esprit-Saint et orientée vers le service des autres, suit des règles bien précisées lors d'une réflexion communautaire.
• **La perte de temps** – Ce danger peut être contrôlé en utilisant les règles appliquées par les entreprises performantes : personne ne souhaitant les parlottes inutiles, le temps de parole doit être limité, chaque rencontre doit aboutir à des décisions concrètes, etc. Un prêtre mieux informé gagnera du temps.
Ces craintes impliquent un travail de réflexion et de préparation communautaire aux niveaux diocésain et paroissiaux.

Il dépend donc en partie des prêtres, que les laïcs qui se sont éloignés aient à nouveau « envie » de revenir. La meilleure manière consistera, sans relâcher les efforts dans les domaines de la piété et de la charité, à chercher ensemble des solutions pour corriger - un à un - ces dysfonctionnements, défaillances et carences, et combler toutes les attentes insatisfaites. Ce qui implique d'y travailler dans la communion et le respect des missions de chacun. Pas seulement entre prêtres, mais en y associant tous les baptisés car peut-il y avoir « communion » véritable entre dominants et dominés ?
Ce plaidoyer pour ce changement de mentalité nécessitait de pointer les dysfonctionnements. Il ne doit pas faire oublier que nombre de prêtres et d'évêques se sont depuis longtemps engagés dans cette voie. Grâce leur soit rendue.

---

[113] La Croix, 24 juin 2021.

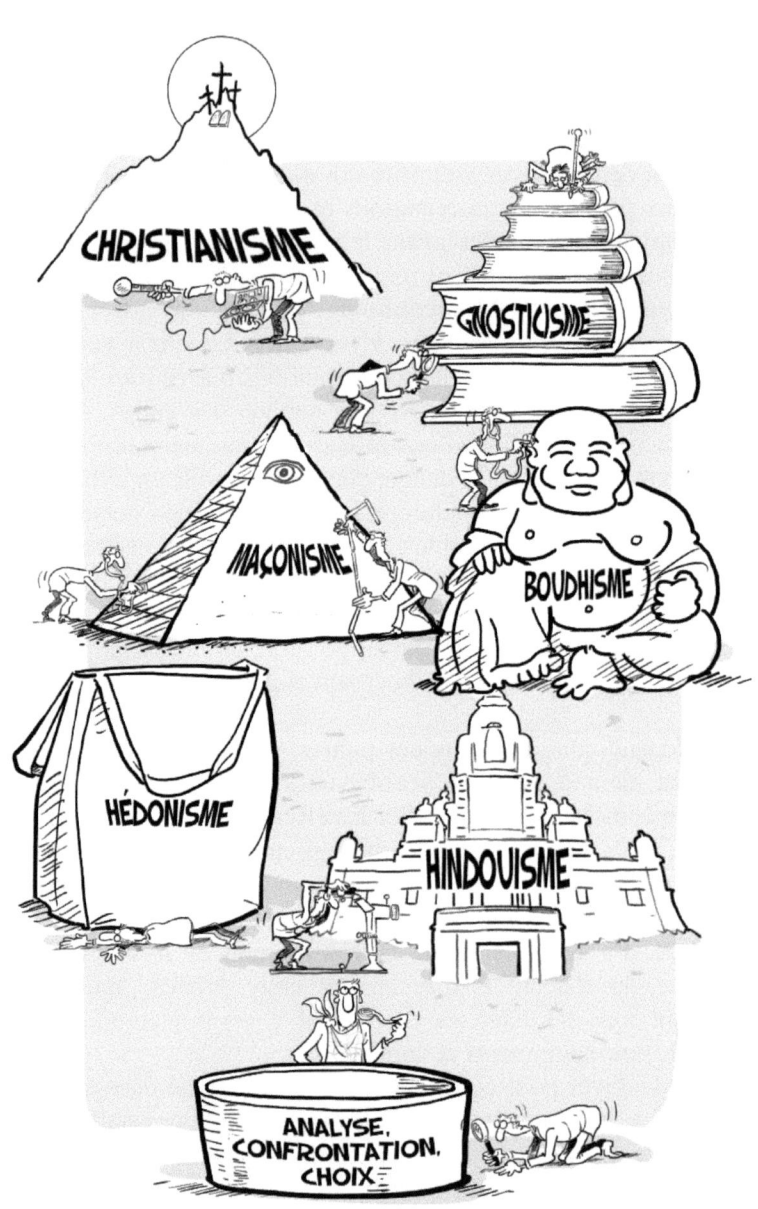

V

Ce que peuvent les laïcs

Dans les décrochages de tant de catholiques, n'avons-nous pas aussi une part de responsabilité, nous les laïcs ? Une part que la focalisation sur la lenteur d'adaptation de l'Institution et les dysfonctionnements des clercs pourraient nous faire éluder ? Il est si facile de se cacher derrière les débats sur le célibat des prêtres ou la place des femmes ! Le cléricalisme est *un tango qui se danse à* deux, a dit le Pape François. Il est donc temps de nous demander quelle fut notre part de responsabilité dans cette « Fracture » qui nous paralyse. En attribuant aux seuls clercs une sorte de monopole de la juste pensée, n'avons-nous pas provoqué une concentration démesurée de toutes les analyses, synthèses, propositions et décisions sur leurs têtes et par voie de conséquence, mis en sommeil notre propre potentiel en ces domaines ? Ne leur aurions-nous pas trop souvent laissé la charge de toutes les réflexions et choix organisationnels, bien au-delà de leur mission spirituelle ? N'ayant plus à penser puisque les prêtres le faisaient pour nous, ne nous sommes-nous pas installés dans une confortable léthargie ? De la docilité respectueuse à l'endormissement, il n'y a qu'un pas ! Un si petit pas...

Il nous faut donc nous interroger sur ce que doit la déchristianisation à notre « mollesse ». En pratique cela revient à examiner un certain nombre de nos attitudes et pour chacune, à nous poser trois questions : où en sommes-nous majoritairement (sans nous réfugier derrière les exceptions fructueuses) ? À quoi nous incitent aujourd'hui nos Papes ? Que pouvons-nous changer pour redevenir les témoins joyeux du Christ ?

I – Notre oubli de la responsabilité de tout chrétien

Les décrochages ne sont-ils pas en partie dus à ce que beaucoup d'entre nous avons oublié notre part de responsabilité ? En nous créant vivants, Dieu nous a confié le monde et nous a voulus en partie responsables de ce que devient notre « maison commune », jardin ou poubelle, terre fertile ou désert inhabitable. Dieu nous a confié nos frères et nous a voulus en partie responsables de ce qu'ils deviennent, heureux ou malheureux, généreux ou destructeurs, souriants ou déprimés. Dieu nous a confié notre être, corps, intelligence et âme, et nous a voulus responsables en partie de ce que nous en faisons. Dieu nous a confié son Amour et nous a voulus responsables de le recevoir ou de le refuser, de le vivre ou de l'étouffer, d'en faire profiter nos frères ou de le dévoyer comme un bien de consommation parmi d'autres. Dieu nous a aussi confié son Église avec les responsabilités propres aux laïcs.

La responsabilité du chrétien ne relève pas de l'obligation et du respect aveugle d'une institution et de sa doctrine mais d'un élan défini dans les Évangiles et les lettres des apôtres, en particulier dans la première de saint Jean [114] et celle de saint Jacques[115]. C'est ce même élan qui anime les encycliques et exhortations apostoliques récentes, notamment Caritas in Veritate, Evangelii Gaudium et Laudato Si ». Cette responsabilité s'inscrit dans notre relation avec notre créateur, telle qu'elle fut établie par Lui. Parce qu'Il nous aime, Dieu nous a fait confiance et c'est la raison pour laquelle Il nous a voulu libres. Confiance et transmission de responsabilité sont indissociables.

Ne nous trompons pas sur le sens de mots tels que « obéissance », « crainte-de-Dieu » et « commandements » dans leur utilisation chrétienne. Du premier, il faut retenir que le mot grec dont il est la traduction signifie d'abord « se tenir à

---

[114] I Jn 4,8 - *Celui qui n'aime pas ne connait pas Dieu puisque Dieu est amour.*
[115] Jc 2,18 - *Montre-moi ta foi sans les œuvres et moi, par mes œuvres, je te montrerai ma foi.*

l'écoute »[116]. Tout commence par l'écoute. Le second *n'est pas synonyme de terreur, mais de profond respect envers lui. Cette crainte est faite de respect, de soumission, de confiance en sa sagesse, en sa puissance et en son amour. Elle nous rend réceptif à l'action de l'Esprit Saint*[117]. Elle résulte de l'écart immense entre l'insaisissable grandeur de Dieu et notre petitesse temporo-spatiale, nous qui, en un instant éphémère, sommes quelque part sur l'échelle entre l'infiniment grand et l'infiniment petit. Cette crainte exprime aussi la reconnaissance de nos limites, nous qui lui devons tout et qui marchons parfois à contresens de ce que nous voudrions faire. L'amour entre une mère et son enfant comporte, pour l'un comme pour l'autre, une part de « crainte ». Quant au mot « commandements », il désigne les attitudes positives et négatives imposées par l'Amour, celui de Dieu et celui de nos frères[118]. Ces mots ne découlent donc en rien de l'obligation et du respect aveugle d'une église. Mais il est vrai que par le passé, l'Église a entretenu cette confusion en imposant la « juste conduite » à des fidèles dont les niveaux d'instruction et de réflexion laissaient présager une incapacité à suivre une voie de responsabilité. De fait lorsque Vatican II décida de faire passer les chrétiens de « l'obligation » à « la responsabilité », beaucoup cessèrent de pratiquer. Pourtant ce n'est pas à l'application d'ordres précis que le Christ nous a invités, mais à la responsabilité et donc au discernement. L'amour aboutit naturellement à la confiance et à la délégation de responsabilité.

Alors sur quoi porte notre responsabilité personnelle au sein de l'Église et sur quoi ne porte-t-elle pas ? Selon les Évangiles, elle porte sur notre affection pour Dieu et notre sollicitude pour les souffrants de toutes catégories. Elle ne signifie donc pas le respect « mécanique » des rites et des fêtes de l'Église, attitude fortement condamnée par le Christ. Si on n'a pas approfondi ce qu'est l'eucharistie, véritable actualisation du don inimaginable

---

[116] Jean-Marie Vezin et Laurent Villemin, *Les sept défis de Vatican II*, Desclée de Brouwer, 2012.
[117] Extrait du glossaire de l'Église Catholique en France, site de la CEF (https://Église.catholique.fr/glossaire/crainte-de-dieu/).
[118] Relire (ou découvrir) à ce sujet l'introduction aux dix commandements du Catéchisme de l'Église Catholique (sections 2052-2082).

de Dieu et communion à son identité, la messe n'est qu'un rite, alors qu'elle est un acte d'affection. C'est pour ceux qui n'ont pas approfondi, que l'Église en fit une obligation ; pour les autres, elle est « désir »[119]. Est-il besoin d'obliger une mère à sourire à son jeune enfant ? Est-il besoin de commander à son enfant de lui sourire ?
Vous êtes la lumière du monde [120]. De quoi s'agit-il ? Nous demande-t-il d'apporter la démonstration de son existence ? Les beautés de la création en témoignent et Dieu ne se démontre pas. La compréhension du fonctionnement du monde ? Les scientifiques s'y emploient. Les grands principes moraux ? Toutes les sagesses les enseignent. Le « bien vivre ensemble » et le « développement personnel » ? Des fidèles de toutes les religions proposent des méthodes. Alors quelle *lumière* spécifique les chrétiens sont-ils chargés d'apporter ? Cette *lumière* n'est ni la morale qui est souvent mieux servie par d'autres, ni la générosité qui, comme j'ai pu le constater durant ma vie professionnelle, est parfois plus exemplaire chez d'autres, ni la sagesse qui est largement partagée dans toutes les religions y compris par des adeptes de « la foi athée », ni une série d'obligations. Cette *lumière*, c'est l'amour entre Dieu, nous et les autres hommes, tous, en privilégiant les plus faibles, un amour qui de la part de Dieu est inconditionnel. C'est ce qu'indique la fin de la citation de Jésus sur la Lumière : *Que votre lumière luise devant les hommes afin qu'à la vue de vos bonnes œuvres, ils glorifient votre Père qui est dans les cieux.*

Être chrétien n'est pas un statut définitif, mais une dynamique basée sur une confiance en Dieu, envers et contre tout, un regard particulier sur le monde et les autres, et surtout des choix de priorités. Par le baptême, Dieu nous a ouvert « une voie privilégiée » vers lui. Elle n'est pas la seule puisque *les autres religions qu'on trouve de par le monde s'efforcent d'aller, de façons diverses, au-devant de l'inquiétude du cœur*[121]. Sur cette voie privilégiée, nous ne marchons pas seuls, mais avec son

---

[119] En ont témoigné les réactions des catholiques devant l'interdiction des messes en période de pandémie.
[120] Mt 5,14.
[121] Nostra Ætate, 2 (Déclaration de Vatican II, 1965).

Corps Mystique et nous sommes guidés par l'Église qu'il a fondée. Ce cheminement ici-bas nous prépare à l'au-delà. Son but ultime est l'intime unité avec Dieu et nos frères de toutes les époques dans un embrasement d'amour qui dépasse tout ce que nous avons connu durant nos vies ou pouvons imaginer. La responsabilité spécifique du chrétien envers le monde, fruit de l'Amour, est de véhiculer cet Amour. Il n'y a pas d'autre obligation que celles guidées par l'Amour. Mais à l'inverse, sans Amour nous ne sommes pas chrétiens, comme le martèlent de multiples passages du Nouveau Testament.

Quelles sont les limites de cette responsabilité ? Autant poser la question des limites de l'Amour. Ce champ s'étend à tout ce qui est terrestre, depuis l'entretien de la planète que Dieu nous a confiée, jusqu'à l'attention aux hommes de toutes conditions. C'est aussi l'amour qui motive la transmission de la foi. Qui possédant une grande joie, n'a ENVIE de la partager [122] ? Comme une mère nourrit ses enfants, la transmission de la foi à nos enfants, aux amis, et «*jusqu'aux extrémités de la terre*» n'est que la conséquence d'une conscience aiguë de la joie qu'elle nous apporte. Sans cette joie, elle ne serait que vile propagande. Ce qui fait dire à Saint Paul : *Annoncer l'Évangile, c'est une nécessité qui me presse* [123] *?*

Comment avons-nous assumé notre responsabilité ? N'avons-nous pas conçu la foi comme un bien personnel qui ne regarde que nous et dont nous n'avons pas à faire état ? Notre endormissement dans le rôle de « chrétiens-consommateurs-irresponsables » ne serait-il pas une des causes de la déchristianisation actuelle ? Si oui, il est urgent d'en prendre conscience et de redevenir des « chrétiens-acteurs-responsables » : seule une vision adulte/consciente/intelligente de notre responsabilité, nous permettra d'établir des priorités.

---

[122] Lc 15,8-10 et I Co 9,16.
[123] I Co 9,13.

II – Notre scandaleuse ignorance

La faiblesse de notre « savoir » a indiscutablement contribué à la chute de l'influence chrétienne en France et à la vague de déchristianisation actuelle. Remarquons une fois encore que « le mariage des prêtres » n'y changerait rien et qu'il nous est plus facile de critiquer l'Église institutionnelle que de chercher les poutres dans nos yeux.

Chaque chemin de foi est une aventure spécifique : le fait que beaucoup aient acquis une foi solide par le seul cheminement de leur cœur au contact d'autres chrétiens a souvent conduit à considérer comme secondaire la démarche intellectuelle. Mais la vie nous bousculant périodiquement, cette séduction du cœur est fragile si elle ne s'accompagne d'une adhésion concomitante de l'intelligence. Les exigences des uns et des autres sont variables : il y a tous les intermédiaires entre ceux qui réfléchissent peu et ceux dont les métiers ou l'éducation impliquent un haut niveau de réflexion. Rappelons-nous que ce sont « ceux-qui-réfléchissent » qui mûrissent et diffusent les grands courants d'opinions, donc que d'eux, dépend en partie, le regard – positif ou négatif - sur la foi et l'Église.

La plupart d'entre nous ont acquis leurs connaissances et compétences en trois étapes : la formation initiale (élémentaire), la formation professionnelle (théorie et pratique) et la formation continue (approfondissement et adaptation). Pour notre formation doctrinale, n'en sommes-nous pas restés à la première, le catéchisme de notre enfance ?

1° Approfondir tout au long de notre vie, pourquoi ?
Trois raisons.
- *Mieux connaître celui que nous prions et que nous suivons.*
Si la prière est un dialogue, et un dialogue amoureux, peut-on se passer de connaître celui à qui l'on s'adresse ? Prions-nous un dieu construit au gré de notre imagination ou celui de la Révélation ? Ceux qui prient sans approfondir qui est celui qu'ils prient, ne savent pas précisément à qui ils adressent leur tendresse. La question *pour vous qui suis-je ?* s'adresse à chacun

de nous[124]. Et comment progresser sinon en explorant, plutôt que les histoires saintes ou des manuels bien intentionnés, les témoignages écrits par ceux qui ont vécu avec Jésus ou leurs élèves ? Lorsqu'on voyage, si on discute un peu, on découvre vite que les manifestations de piété qui de l'extérieur se ressemblent souvent, recouvrent des réalités intérieures aux différences inimaginables[125]. Lorsqu'on demande à des voltairiens, des musulmans, des hindous, des juifs, des bouddhistes, des animistes, « qui ils prient », les réponses sont totalement différentes. Certains ne prient personne au point de ne pas comprendre la question, tant leurs racines [126] sont éloignées des nôtres. Ces racines conditionnent nos « logiciels », nos comportements et jusqu'au sens que nous donnons aux mots. Ces différences nous aident à mieux comprendre notre propre foi fondée sur la Révélation biblique et la Tradition de l'Église[127].
- *Consolider notre référentiel.* L'adhésion au Christ est partagée par différentes « églises » caractérisées par des doctrines différentes qui ont chacune leurs raisons. Comment adhérer à

---

[124] Mt 16,13.

[125] Ce matin-là, dans la forêt brésilienne, où je m'étais arrêté au hasard, une bougie se consumait sur un rocher émergeant d'un ruisseau chantant qu'illuminaient quelques rayons de soleil filtrés par la haute futaie : à qui l'habitué de ce lieu caché adressait-il sa prière ? Au Japon des shintoïstes qui vénéraient des arbres, m'ont expliqué ne pas prier une divinité mais en puiser l'énergie. Dans le désert, au coucher du soleil, nos méharistes se rangeaient spontanément en ligne, sans hésitation ni respect humain, pour honorer l'immensité de Dieu : celui-ci était trop inaccessible pour lui exprimer de la tendresse. Qu'y a-t-il de commun entre le bouddhiste tantriste qui, dans la prière, se dépouille de son moi pour rejoindre l'unité et le bouddhiste chinois qui prie Guanyin, déesse de la miséricorde ? Au Japon, un Maître de Thé que j'interrogeais sur la pratique du Zen, m'a répondu que je ne m'en sortirais pas tant que je raisonnerais avec mon intelligence ou mon cœur. Des attitudes similaires, mais que de « sens » différents !

[126] Le mot « racine » est celui utilisé par Saint Augustin : *Aime et fais ce que tu veux. Si tu te tais, tais-toi par Amour, si tu parles, parle par Amour, si tu corriges, corrige par Amour, si tu pardonnes, pardonne par Amour. Aie au fond du cœur la « racine » de l'Amour : de cette racine, rien ne peut sortir de mauvais.* (Homélie sur la première épître de saint Jean).

[127] Certains m'ont dit avoir beaucoup appris sur la doctrine catholique par les différences avec l'Islam lorsqu'ils ont lu le livre de Henri de Saint-Bon, cf. *supra*, 31, note 15.

l'une d'elles, et pour nous à l'Église Catholique, sans connaître un minimum de sa doctrine ? Notre foi se décline donc en trois étapes : est-ce que je crois en Dieu ? Est-ce que je crois en Dieu trinitaire et fait homme ? Est-ce que j'y crois avec les yeux de l'Église Catholique ? Les bases dont se contente l'enfant suffisent-elles à un adulte appelé à décider en de multiples circonstances ? Et si nous sommes parfois désarçonnés par une contestation ou par d'autres croyances séduisantes, ne le devons-nous pas à ce que nous n'avons pas suffisamment creusé **les trois questions les plus importantes d'une vie** : « 1° en quoi est-ce que je crois et pourquoi est-ce que je crois ce que je crois ? 2° en quoi est-ce que je ne crois pas et pourquoi ? 3° est-ce que je vis ce que je crois et sinon, comment m'en rapprocher ? »

Dans un Cercle de Réflexion de catholiques universitaires ayant choisi ces questions comme thème de l'année, j'eus la surprise que plusieurs se déclarent incapables d'apporter leurs témoignages. Quand on compare le temps qu'ils avaient consacré à l'acquisition des connaissances et comportements nécessaires à leur métier, et celui dédié à leur formation chrétienne, on ne peut qu'être consterné. Il en résultait trois conséquences : la fragilité de leur foi, leur incapacité à répondre aux critiques et fréquents sarcasmes envers notre foi et l'Église, et l'image d'obscurantisme qu'ils offraient à nos amis athées ou anticléricaux.

- *Nous préparer à la demande du Christ d'enseigner toutes les nations et d'en faire ses disciples.* Avec des connaissances aussi faibles, comment répondre à ceux qui nous entourent alors qu'en certains domaines leurs connaissances sont parfois plus riches que les nôtres ? Certes, la foi repose davantage sur un élan du cœur que sur des explications. Mais, si durant les siècles où l'Occident était majoritairement chrétien, les foules ont adhéré sans trop faire appel à la raison, d'autant que leur foi leur était souvent imposée par les pouvoirs civils[128], ce n'est plus le cas

---

[128] Cujus regio, ejus religio (tel Prince, telle religion) : au XVIIe siècle, dans l'empire germanique, chaque peuple devait adopter la religion de son souverain. En France, la suppression de l'Édit de Nantes (1685) fit de la religion catholique la seule autorisée durant un siècle.

actuellement. Quant à nous, pouvons-nous guider nos enfants et petits-enfants, répondre aux questions de nos amis, intervenir dans les débats sociétaux lorsqu'ils touchent à l'essentiel, sans une meilleure connaissance/compréhension des fondamentaux de notre foi ?

2° Approfondir comment ?

Pour ce savoir, ni le catéchisme, ni les homélies, ni les enseignements passifs (présentiels ou via internet) ne suffisent, et les prières, pèlerinages, et autres formes de piété sont plus centrés sur la relation à Dieu que sur l'acquisition du bagage doctrinal. Un travail « personnel » d'appropriation doctrinale est indispensable.

Il faut donc, en plus, que nous consacrions du temps et des efforts à l'approfondissement de textes sélectionnés, individuellement, en famille ou en petits groupes. Tous les éducateurs confirment que rien n'est aussi formateur que le travail personnel. Chacun de nous doit donc consolider sa foi par « l'autoformation ». Une autoformation tenace et humble qui sache faire appel à un guide spirituel.

3° Approfondir quoi ?

- Les fondements de notre foi d'abord - Nos Papes nous incitent à suivre le Christ par la lecture quotidienne d'un court passage de la Bible : nous y découvrons qu'Il pensait suivant un mode de réflexion judaïque et que beaucoup de ses propos étaient adaptés aux conceptions juives de ses interlocuteurs. Sans une certaine connaissance de la pensée judaïque de l'époque, il est parfois difficile de pénétrer l'intention des évangélistes, par exemple, pourquoi ont-ils rapporté un fait ou une parole plutôt que d'autres [129]. Origène et Saint Jérôme, pour ne citer que ceux-là, discutèrent fréquemment avec des rabbins. Un esprit pressé peut avoir l'impression de tout connaître. Mais dès qu'on prend le temps d'en déguster un passage, on découvre de nouvelles richesses. Un jour où nous avions emmené une enfant handicapée cérébrale dans un zoo, ma femme et moi étions consternés de la

---

[129] Jn 21,25 : *Jésus a fait encore bien d'autres choses : si on les écrivait une à une, le monde entier ne pourrait, je pense, contenir les livres qu'on écrirait.*

voir se détourner des animaux dès qu'elle les avait identifiés ; il nous a fallu du temps pour lui faire comprendre qu'il y avait aussi un grand plaisir à les observer et à les détailler.

Parce que l'abord du Nouveau Testament n'est pas facile et peut conduire à bien des erreurs, l'Église nous propose l'aide de sa Tradition forgée à la suite de deux millénaires d'interrogations, études, divergences et consensus. Les difficultés ne datent pas d'aujourd'hui : moins d'un siècle après le retour du Christ au Père, l'évêque Papias écrivait : *Matthieu recueillit les paroles en langue hébraïque et chacun les interpréta comme il pouvait*[130]. Elles n'ont fait qu'augmenter avec l'évolution de la signification des mots et les traductions. D'où l'intérêt de travailler avec les introductions et les notes d'éditions comme la TOB ou la Bible de Jérusalem et en s'aidant de guides clairs et reconnus, de lecture facile, comme « Pour lire le Nouveau Testament », « Pour lire l'Ancien Testament », « Le Monde où vivait Jésus »[131].

- **Les convictions différentes ensuite** – Dans le contexte actuel, nous ne pouvons plus ignorer les grands courants de convictions de nos prochains, ni faire l'économie de mesurer nos différences, tant pour conforter notre foi que pour pouvoir dialoguer et répondre aux questions de nos relations et de nos enfants, en partant de *là où ils en sont*. Jésus aurait-il pu affronter les courants intellectuels de son temps, pharisien, sadducéen, essénien, s'ils ne les avaient bien connus ? Le choix de ses paraboles était toujours adapté à ceux à qui il s'adressait. Que ferait-il aujourd'hui ? Difficile d'imaginer qu'il n'irait pas s'asseoir à la table d'un franc-maçon athée ou d'un banquier focalisé sur le profit, qu'il ne se mettrait pas à la portée d'un jeune attiré par le Bouddhisme, l'Islam ou les spiritualités naturelles et qu'il ne lutterait pas contre les prophètes de l'hédonisme, du matérialisme et du relativisme. Nous avons à le suivre « aussi » dans cette attitude. Il y a 2 300 ans, le grand empereur indien Ashoka avait fait graver sur les roches, aux quatre coins de l'Inde : *Celui qui critique la religion d'un autre*

---

[130] Cité par Eusèbe dans son *Histoire Ecclésiastique*, écrite au IVe siècle (source : *La Bible* de André Chouraqui).
[131] Cf. *supra*, 119, note 99.

sans la connaître, c'est sa propre religion qu'il discrédite[132]. Que peut-il sortir d'un dialogue sans connaissance ?

La baisse d'audience actuelle de l'Église semble largement due à ce que nous n'avons pas fait « l'effort » de sortir de notre insouciante ignorance. Contrairement aux apôtres et disciples, nous ne nous sommes pas suffisamment mis à l'écoute du Christ : 1° à l'écoute de sa personne à travers sa vie et ses dires pour l'aimer, non comme une vague idée, mais tel qu'il s'est révélé ; 2° à l'écoute de son enseignement pour mieux le mettre en pratique ; 3° à l'écoute de l'Église afin que deux mille ans de réflexion nous guident dans le dédale des interprétations possibles ; 4° à l'écoute des autres convictions pour mieux les comprendre et approfondir par différence les racines de notre foi.

Pourquoi cette insouciance, si ce n'est parce que nous n'avons pas pris conscience de l'importance « vitale » de notre propre savoir ? Ceux qui objectent que certains saints furent des ignorants, oublient que leurs connaissances doivent être appréciées dans le contexte qu'ils affrontaient, si différent du nôtre. Les temps ont terriblement changé. Nous devons nous y adapter.

III – Notre dé-mission de l'évangélisation

L'Église se meurt d'insuffisance de témoignage et celui-ci, d'insuffisance d'étude. *Enseignez toutes les nations et faites de tous les hommes des disciples* est le troisième commandement, donné par le Christ au terme de sa mission terrestre. Jusque-là, c'est lui qui avait enseigné, par ses paroles et sa vie : ses paroles expliquaient ses actes et ceux-ci illustraient la mise en pratique de ses paroles. Après son retour dans l'invisible, il a délégué cette mission à ses apôtres et il les a imprégnés de la force de l'Esprit Saint (nous croyons à l'efficacité des sacrements). Dès la Pentecôte, les apôtres et les disciples ont témoigné, sans timidité ni agressivité. Ils ont juste témoigné : dit ce qu'ils savaient, illustré leur foi par leur vie et

---

[132] Vincent A. Smith, *The Edicts of Asoka*, Munshiram Manoharlal Publisher, 1992, New Delhi.

expliqué par les paroles. Dès les origines, certains ont été persécutés pour ce témoignage, comme le Christ l'avait annoncé et ils ont suivi son exemple jusqu'au bout, sans faiblir[133]. Les uns volontairement, les autres poussés par les persécutions[134], se sont éparpillés dans les mondes connus et inconnus et c'est ainsi que s'est répandue l'Église primitive.

Deux mille ans plus tard, nous en sommes les successeurs. Clercs, successeurs des apôtres, et laïcs, successeurs des disciples, nous avons hérité de cette mission. Chacun avec une spécificité, décrite dès l'origine : le diacre Philippe annonce, instruit et baptise ; Pierre et Jean confirment[135]. Une des missions spécifiques des laïcs est d'annoncer-témoigner là où les clercs n'ont pas ou peu d'entrées : dans nos familles, dans nos milieux professionnels, dans l'ensemble de la société civile. Nous avons deux raisons de le faire : l'amour du Christ et celui de nos frères avec qui nous avons envie de partager la joie de notre foi. Car c'est bien de joie qu'il s'agit : *je vous ai dit cela pour que ma joie soit en vous et que votre joie soit parfaite*[136].

Avons-nous poursuivi cet effort d'annonce, de transmission et de témoignage de l'Église primitive ? Si on regarde les pratiques individuelles, les réponses sont contrastées. Si on évalue la société chrétienne dans son ensemble, force est de constater que *le sel s'est affadi*. Dans le concret, autour de moi, la plupart des catholiques ont renoncé à témoigner. Ils sont parfois prêts à le faire en milieu sympathisant, mais pas en milieu indifférent ou hostile. Consciemment ou non, ils ont une dizaine de raisons. Pour relancer le dynamisme évangélisateur collectif, il faut commencer par les démonter.

---

[133] Mt 24,9.
[134] Ac 8,1.
[135] Ac 8,5-17.
[136] Jn 15,11. Cette joie est bien supérieure au simple bonheur humain car elle persiste même dans le malheur.

1° En finir avec les raisons pour un laïc de ne pas témoigner

Examinons-les, une à une.

• *La mission serait l'affaire des prêtres et non celle des laïcs.* Les Papes ne cessent de nous affirmer le contraire. Paul VI : *L'ordre donné aux Douze « Allez, proclamez la Bonne Nouvelle » vaut aussi, quoique d'une façon différente, pour tous les chrétiens […] C'est la Parole entendue qui conduit à croire.* Jean-Paul II : *Les fidèles laïcs, précisément parce qu'ils sont membres de l'Église, ont la vocation et la mission d'annoncer l'Évangile : à cette activité ils sont habilités et engagés par les sacrements de l'initiation chrétienne et par les dons du Saint Esprit.* Benoît XVI : *Sa Parole fait de nous non seulement les destinataires de la Révélation divine, mais aussi ses messagers.* François : *Chaque baptisé, quels que soient sa fonction dans l'Église et le niveau d'instruction de sa foi, est un sujet actif de l'évangélisation. Il serait inadéquat de penser à un schéma d'évangélisation utilisé pour des acteurs qualifiés, où le reste du peuple fidèle serait seulement destiné à bénéficier de leurs actions […] Tout chrétien est missionnaire dans la mesure où il a rencontré l'amour de Dieu en Jésus-Christ*[137].

• *Le témoignage des prêtres passerait par la parole et celui des laïcs passe par l'exemple.* Cet argument s'appuie sur des textes anciens qui insistaient sur le fait que l'évangélisation qui incombe aux laïcs passe en premier par l'exemple de leur vie, les actions caritatives et la christianisation des réglementations et des structures sociales. Cette action se cantonnerait aux familles et aux milieux relationnels et professionnels. Or le témoignage de vie donné par beaucoup de catholiques a souvent été un contre-témoignage et notre capacité d'orienter les réglementations et structures est actuellement limitée par le fait que nous sommes devenus largement minoritaires. Vatican II a clairement balayé cette conception « spécialisée » de la répartition des moyens d'évangélisation : *Les fidèles incorporés à l'Église par le baptême […] sont tenus de professer devant les hommes la foi que par l'Église, ils ont reçue de Dieu. Par le*

---

[137] Paul VI, Evangelii Nuntiandi,13 et 42 ; Jean Paul II, Christifideles Laiici, 33 ; Benoît XVI, VD 91 ; François, EG 120.

sacrement de confirmation, leur lien avec l'Église est rendu plus parfait, ils sont enrichis d'une force spéciale de l'Esprit Saint et obligés ainsi plus strictement tout à la fois à répandre et défendre la foi par la parole et par l'action en vrais témoins du Christ (LG 11). De même que la prédication des prêtres doit s'étayer sur l'exemple de leur vie, de même, l'exemple donné par les laïcs doit s'accompagner d'explications : *la parole et l'action...* Pas l'une sans l'autre.

- **La foi est affaire personnelle et l'évangélisation est un prosélytisme agressif intolérable.** Le fait de vouloir imposer sa foi est incontestablement un manque de respect de la liberté individuelle. Dans l'histoire de l'Église, la foi a parfois été imposée par le pouvoir politique, par exemple par Charlemagne pour sédentariser les hordes d'envahisseurs ou par les princes de la Renaissance pour se démarquer du voisin. Actuellement les politiques de conversions forcées sont le fait de l'Islam et de certains régimes politiques étrangers et non de l'Église. La condamnation du prosélytisme comme marque d'un esprit de supériorité et de mépris des convictions des autres est en parfaite cohérence avec la véritable évangélisation. Si l'évangélisation est le fruit de l'amour, elle ne peut se faire que dans un respect total de l'autre. Elle nécessite à la fois l'empathie et la sympathie : l'empathie parce que nous sommes poussés par le désir de partager notre joie avec ceux que nous aimons et la sympathie parce que notre message ne passera que s'il est chaleureux et attractif. L'évangélisation n'a de sens que si elle transmet ce que nous vivons et que nous sommes heureux de ce que nous vivons. Ainsi s'explique la recommandation de Saint Pierre, *Soyez toujours prêts à justifier votre espérance devant ceux qui vous en demandent compte. Mais que ce soit avec douceur et respect*[138].

- **Ma formation est insuffisante.** La nécessité de nous former a été abondamment développée dans la section précédente. Remarquons simplement qu'il n'y a pas de formation plus durable que celle qu'on acquiert dans le but de transmettre à un autre. Mais en attendant ? Notre ignorance doit-elle nous paralyser ? Jésus a répondu avec la parabole des talents : sans

---

[138] I Pi 3,15.

insister sur ce hasard sémantique, elle signifie que chacun doit faire selon ses moyens. François ajoute : *que personne ne renonce à son engagement pour l'évangélisation car s'il a vraiment fait l'expérience de l'amour de Dieu qui le sauve, il n'a pas besoin de beaucoup de temps de préparation pour aller l'annoncer, il ne peut pas attendre d'avoir reçu beaucoup de leçons, de longues instructions* (EG 120). Toutefois, il ne s'agit pas d'improviser avec des conceptions personnelles. Les apôtres avaient été longuement enseignés par le Christ, avant d'être envoyés en mission. Heureusement, la plupart des questions posées sont simples et attendent une réponse simple. Lorsqu'on n'est pas sûr de nos bases, il est prudent de l'avouer et de différer la réponse pour chercher des explications supplémentaires, ou de diriger notre interlocuteur vers un prêtre.

• **Qui suis-je, moi pêcheur, pour donner des leçons aux autres ?**
Jésus a confié son Église à un homme à qui il avait dit : *Arrière Satan... tes pensées ne sont pas celles de Dieu mais celles des hommes*[139], et qui ensuite l'avait trahi trois fois. Soyons simples : *Il ne nous est pas demandé d'être immaculés, mais plutôt que nous soyons toujours en croissance, que nous vivions le désir profond de progresser sur la voie de l'Évangile, et que nous ne baissions pas les bras* (EG 151). Avec Saint Paul, nous sommes conscients que *nous portons ce trésor dans des vases fragiles* [140] et devons le montrer par notre attitude.

• **Je n'ai pas l'occasion.** Cette réponse traduit simplement que notre esprit n'est pas orienté vers cette transmission. Cette raison est réelle si l'évangélisation n'est pas pour nous une préoccupation permanente. En revanche, lorsque nous avons cette orientation, les occasions sont nombreuses : en famille, les questions d'un enfant, les hésitations d'un adolescent devant les grands choix, les épreuves de nos vies, l'émerveillement devant la grandiose beauté d'un paysage ; avec nos amis, une critique contre l'Église ou la foi, le pillage de la planète, une maladie ; dans nos milieux professionnels, un choix difficile ou simplement l'actualité du jour. Les paroles viennent spontanément... *Maintenant que l'Église veut vivre un profond*

---

[139] Mc 8,31.
[140] II Co 4,7. Voir aussi 12,10.

renouveau missionnaire, il y a une forme de prédication qui nous revient à tous comme tâche quotidienne. Il s'agit de porter l'Évangile aux personnes avec lesquelles chacun a à faire, tant les plus proches que celles qui sont inconnues. C'est la prédication informelle que l'on peut réaliser dans une conversation, et c'est aussi celle que fait un missionnaire quand il visite une maison. Être disciple c'est avoir la disposition permanente de porter l'amour de Jésus aux autres, et cela se fait spontanément en tout lieu : dans la rue, sur la place, au travail, en chemin (EG 27). « Spontanément » ! Cette spontanéité implique une « disposition d'esprit » permanente. Reste à le faire avec légèreté, si possible avec humour, et toujours avec tact. Jamais avec autorité ou insistance. La plupart d'entre nous détestons les intrusions dans nos vies et les conseils non sollicités. C'est dire l'importance de bien observer ceux à qui nous parlons pour nous adapter à leurs réactions.

• ***Nous avons l'obligation de respecter la règle nationale de laïcité dans les lieux publics.*** Certains en ont déduit qu'il est interdit de parler de sa foi dans les milieux professionnels, c.-à-d., pour moi, en milieu universitaire ou à l'hôpital. C'est oublier la diversité des situations : je n'ai jamais claironné ma foi lors de l'enseignement ou d'une réunion de service, mais je m'en suis souvent ouvert lors de conversations particulières ou lorsque l'Église ou le Christ étaient publiquement attaqués. Les mêmes interlocuteurs qui se seraient offusqués d'une déclaration publique, sont les premiers à vous interroger, généralement dans l'intimité mais parfois en groupe, sur les motivations profondes de vos choix et de vos actes. Je l'ai vérifié auprès de tous : étudiants, infirmières, médecins, universitaires et malades de toutes convictions. Beaucoup m'ont remercié de ma sincérité, même si je ne les avais pas tous convaincus.

• ***Nous risquons d'être mal reçus.*** Et alors ? Jésus lui-même en a fait l'expérience : après son discours au lendemain du succès de la multiplication des pains pour en expliquer le sens, *plusieurs de ses disciples se retirèrent et cessèrent d'aller avec lui*[141]. Au pire, nous serons catalogués, mais vaut-il mieux l'être comme homme de conviction, ou comme pleutre, mal assuré, voire

---

[141] Jn 6,66.

honteux de ses choix ? Le plus souvent, il suffit de s'arrêter sur une pirouette du genre : « chacun ses convictions, désormais tu connais la mienne et ce n'est pas cela qui va nous séparer ». C'est une des multiples raisons pour lesquelles - pardonnez-moi d'insister - il faut ne jamais parler à quelqu'un sans le regarder dans les yeux et toujours rester léger... Si à la suite d'un tel échange, une relation ne nous adresse plus la parole, qu'avons-nous perdu ? La seule restriction concerne les milieux professionnels où l'appartenance catholique peut nuire à la carrière : on n'insistera jamais assez sur l'importance d'une écoute attentive avant de parler.

• *Le plus souvent, cela ne sert à rien !* Pas si simple. *Je ne suis pas chargée de vous convaincre mais de vous le dire*, aurait répondu sainte Bernadette, pauvresse, à son curé incrédule. Même lorsque la réaction première paraît négative, qui sait ce qui se passe au fond des cœurs ? Nous sommes tellement pétris de contradictions, d'ambiguïtés... Ni anges, ni bêtes... Il y a tant de différences entre ce que nous voulons et ce que nous désirons... Combien de fois, longtemps après, n'ai-je eu la surprise d'entendre : « Vous savez, il y a plusieurs années, vous m'avez dit telle chose. Je ne l'ai jamais oubliée et ça m'a aidé » ? La seule certitude, c'est qu'en ne disant rien, on est certain de ne rien transmettre.

• *C'est inutile car tous les hommes généreux sont sauvés.* De fait, nous dit saint Paul : *quand des païens, sans avoir de loi, font naturellement ce qu'ordonne la loi [...], ils montrent que l'œuvre voulue par la loi est inscrite dans leur cœur [...], c'est ce qui paraîtra au jour où [...] Dieu jugera par Jésus-Christ le comportement caché des hommes*[142]. Le document Nostra Ætate de Vatican II cité plus haut, s'appuie sur ce qu'avait dit Jésus : *ce n'est pas tout homme qui me dit Seigneur, Seigneur, qui sera sauvé, mais celui qui fait la volonté de mon père*[143]. Est-ce une raison pour ne pas partager avec eux notre joie et ces guides que sont les enseignements de Jésus-Christ ? Que dit l'Église ? *Même si les non-chrétiens peuvent se sauver au moyen de la grâce que Dieu donne par des voies connues de lui, l'Église ne peut pas ne*

---

[142] Ro 2,14-16.
[143] Mt 7,21.

pas tenir compte du fait qu'en ce monde, il leur manque un très grand bien : connaître le vrai visage de Dieu et l'amitié avec Jésus Christ, Dieu avec nous [...] *L'esprit chrétien a été toujours animé par la passion de conduire toute l'humanité au Christ dans l'Église. En effet, l'incorporation de nouveaux membres à l'Église n'est pas l'extension d'un groupe de puissance, mais l'entrée dans le réseau d'amitié avec le Christ, qui relie ciel et terre, continents et époques différentes.* Benoît XVI ajoute : *l'annonce et le témoignage de l'Évangile sont même le premier service que les chrétiens doivent rendre à chaque personne et au genre humain tout entier, appelés à transmettre à tous l'amour de Dieu qui se manifeste en plénitude dans l'unique Rédempteur du monde, Jésus Christ*[144].

En résumé, les raisons qui, en toute honnêteté, ont pu nous faire hésiter sur notre mission d'évangélisation sont nombreuses mais, lorsqu'on les analyse, aucune ne tient. Le Christ nous demande de témoigner par nos actes, mais aussi par la parole. L'objectif étant, dans un rapport d'estime réciproque, d'annoncer le Christ mais non de convertir, ce témoignage se fait dans l'amour et le respect de la liberté individuelle. Pour être prêt, il faut sacrifier du temps à notre propre formation, mais aussi dès maintenant, transmettre ce que nous pouvons sans attendre d'être docteur en théologie. Nous le faisons par amour et conscients de notre état de pécheur. Dès qu'on y veille, les occasions sont multiples. Nous annonçons sans attendre de résultats. Cette annonce associe la reconnaissance de la richesse de nos interlocuteurs et le désir de leur faire connaître le Christ.

2° À quels modes d'évangélisation sommes-nous appelés ?

Schématiquement, il en existe deux modalités : formelle et structurée ; informelle et spontanée. La première s'inscrit dans une démarche communautaire ; la seconde est une attitude personnelle d'attention permanente aux autres.

• **Les annonces formelles aux multiples variantes** : catéchisme, contribution au bulletin paroissial ou aux sites ecclésiaux,

---

[144] Note doctrinale sur certains aspects de l'évangélisation, 7, 12 et 14 (Congrégation pour la Doctrine de la Foi, 2007).

préparations au mariage, accompagnement des célibataires, des époux, des veufs ou des homosexuels, contribution aux funérailles, rencontres avec les autres religions, évangélisation de rue, exposés/débats sur la foi, accompagnement spirituel (après formation et autorisation) … Les besoins sont énormes. Nous pouvons tous en prendre une part.

• **La « prédication informelle », de cœur à cœur,** telle que définie par le Pape François : *Il y a une forme de prédication qui nous revient à tous comme tâche quotidienne. Il s'agit de porter l'Évangile aux personnes avec lesquelles chacun a à faire, tant les plus proches que celles qui sont inconnues. C'est la prédication informelle que l'on peut réaliser dans une conversation [...] Être disciple, c'est avoir la disposition permanente de porter l'amour de Jésus aux autres, et cela se fait spontanément en tout lieu* [EG 27].

3° Que transmettre ?

On ne transmet que ce qu'on vit. Nous sommes conscients à la fois 1° de notre extrême petitesse dans le cosmos, l'histoire humaine et les mains de Dieu, 2° de l'Amour inconditionnel de Dieu pour chacun et 3° de la diversité des chemins vers lui. Le fond du message n'est pas une manière de se conduire mais notre confiance en son amour, et le fait qu'il est source permanente de Joie jusque dans les épreuves. *Si l'on suit Jésus, heureux d'être attiré par lui, les autres le remarquent. Et ils peuvent s'en étonner. La joie qui transparaît chez ceux qui sont attirés par le Christ et par son Esprit, voilà ce qui peut rendre féconde et fructueuse chaque initiative missionnaire*[145].

Provoquer **le désir de Dieu**, c'est donc d'abord témoigner de cette Joie : *Je vous écris ceci pour que votre joie soit complète*[146]. Dans l'imagerie occidentale, la Croix omniprésente peut rebuter et voiler la foi de tristesse. Les Orientaux insistent davantage sur la rédemption. Les Évangiles rayonnent de Joie : celle du Père lors du baptême du Christ, celles de la brebis retrouvée ou de la perle, celle du dernier discours[147], celle de la résurrection.

---

[145] Message de François aux Œuvres Pontificales Missionnaires, 21 mai 2020.
[146] I Jn 1,4.
[147] Jn 16,24.

Une fois située dans la relation amoureuse avec Dieu, ***notre annonce doit nourrir les trois questions essentielles de toute vie*** :
- En quoi est-ce que je crois et *pourquoi* ?
- En quoi est-ce que je ne crois pas et *pourquoi* ?
- Que faire pour vivre en accord avec notre foi ?

La première question comporte 4 étapes : foi en Dieu, foi en Dieu-Amour, foi en Christ et foi en l'Église catholique.

4° Comment transmettre ?

L'évangélisation *formelle* a de multiples variantes que nous ne pouvons détailler. Pour enrichir autant les cœurs (l'émotionnel et les attitudes) que les intelligences (le bagage doctrinal et son articulation au monde), la forme compte autant que le fond : on peut s'entraîner avec le livre « Homélies et Prises de Parole Publiques [148] ».

Quant à la transmission *informelle*, elle n'est ni un cours doctrinal, ni un discours stéréotypé et ignorant des convictions de notre interlocuteur, et encore moins la défense de nos options humaines. Jésus, sur la route d'Emmaüs, nous en a donné un exemple en 5 temps : Il a d'abord questionné ces deux voyageurs afin de les rejoindre là où ils en étaient, puis Il a expliqué en s'appuyant sur les Écritures, Il leur a témoigné son empathie au point qu'ils sentaient leurs cœurs tout brûlants, ensuite Il les a amenés au sacrement et enfin, Il leur a inspiré d'aller partager leur joie... Aussitôt !

Cette évangélisation informelle nécessite *un « état d'esprit »* qui associe : 1) une bonne connaissance de Jésus par la lecture du Nouveau Testament ; 2) l'envie de partager notre joie ; 3) l'*empathie* pour ceux à qui on s'adresse ; 4) une vigilance à l'affût des *occasions* ; 5) *une attention rigoureuse aux interlocuteurs,* niveaux et réactions. Parce que nous détestons les intrusions dans nos vies et les conseils non sollicités, nous devons être prêts à changer de sujet à la moindre marque d'impatience.

On peut donc définir trois règles : l'*entretien commence par écouter notre interlocuteur,* pour à la fois s'enrichir de ses

---

[148] Cf. *supra*, 39, note 28.

idées, lui témoigner notre intérêt, et nous adapter à ses interrogations ; il consiste *davantage à faire découvrir* qu'à apporter une réponse bien huilée (Jésus utilisait paraboles et questions pour faire réfléchir) ; le *ton général doit être souriant et chaleureux* (douceur, légèreté, tact et si possible humour), excluant attitude supérieure et insistance maladroite.

5° Sur quel support logistique s'appuyer ?
* *Se préparer sur le fond et la forme.* La nécessité d'une préparation technique sur le fond mais aussi sur la manière de faire m'est apparue dès mes premières rencontres avec les prosélytes communistes à la porte des facultés lorsque j'étais étudiant (chapitre I) : le petit groupe de catholiques qui essayait de témoigner à contre-courant manquait terriblement de connaissances sur leurs convictions mais aussi de savoir-faire. En premier, nous ne savions presque rien de la substance du communisme. On a oublié aujourd'hui son emprise culturelle et la séduction qu'il exerça sur une partie de l'intelligentsia française. Les prêtres autour de nous n'en avaient qu'une vision superficielle, et nous avons eu bien du mal à trouver de l'aide.

En second, ignorant tout des techniques de dialogue productif, nous avons vite pris conscience des limites de l'improvisation. La méconnaissance des grands principes peut engendrer de multiples erreurs qui peuvent être plus nuisibles que le silence : le manque d'écoute de l'interlocuteur, l'insuffisante attention à ses convictions, à leurs raisons et à ce qu'elles contiennent de positif, des phrases involontairement blessantes, nos affirmations insuffisamment étayées, l'impatience qui conduit à couper la parole de l'autre irrespectueusement, les réponses « à côté », les digressions hors-sujet, les égarements dans la démonstration, l'emploi d'affirmations alors qu'il eut été préférable de « faire découvrir » par des questions bien choisies, l'ignorance de méthodes comme le raisonnement analogique et l'étirement jusqu'à l'absurde des idées combattues, l'empathie insuffisamment communiquée, etc.

Comment s'entraîner à un dialogue mieux recevable et plus constructif ? Bien plus tard, je découvris l'utilité pour l'enseignement de l'interrogatoire et de l'examen clinique aux étudiants en médecine, des ateliers interactifs avec jeux de rôle et mises en situation en petit groupe où chacun s'instruit autant par les erreurs des autres que par les siennes. Pour ne pas en rester à la naïveté de Monsieur Jourdain, cette formation à la pratique, par la simulation en petit groupe, devrait être développée dans les Cercles de Réflexion catholiques, comme il en était du temps de Socrate et comme cela se pratique actuellement dans de nombreuses grandes écoles.

• *S'appuyer sur la diversité de nos expériences.* La réflexion collective permettra de progresser individuellement et d'assurer la pérennité. La première étape est de rejoindre (ou de créer) un groupe de fidèles partageant la même préoccupation. Il peut s'associer à des mouvements structurés comme les cellules paroissiales d'évangélisation de Don Pigi et le congrès annuel Mission. Son premier travail sera de recenser les cibles : si certaines sont d'une nécessité évidente (ados, jeunes, professionnels, familles, célibataires, veufs, divorcés...), d'autres le sont moins (les déçus de l'Église, la communauté musulmane locale, les touristes qui visitent l'église...). Son rôle principal sera de nous préparer à la transmission « informelle ». Il pourra aussi décider d'actions précises de transmission « formelle ».

Comment réunir les meilleures chances ? 1) Les acteurs participent activement aux choix : projets, cibles, moyens et direction tournante. 2) Un minimum de formation est prévu : sur le fond en fonction des besoins ressentis mais aussi sur la manière de faire. Les partages en équipe sur les expériences vécues et les simulations (jeux de rôle) permettent de parfaire nos attitudes en discutant de nos difficultés et échecs. 3) Des réunions périodiques permettent d'éviter découragements et déviances, chacun s'enrichissant des échecs et succès des autres.

Bref ! Le fait qu'Évangéliser soit d'abord l'expression d'un élan du cœur ne doit pas conduire à une improvisation aux effets souvent hasardeux, mais à une subtile association entre spontanéité et technique, quête des occasions et prudence pour ne pas lasser, écoute et proposition, respect des autres convictions et certitude en la Révélation.

Dans les décennies récentes, notre « dé-mission » fut une des grandes causes de la déchristianisation actuelle. Aujourd'hui, sommes-nous prêts à assumer notre mission d'évangélisation, c.-à-d. à dépasser notre respect humain, à nous préparer sur le fond et la forme, à oser ?

IV – Nos contre-témoignages

Ayant passé la plus grande partie de ma vie professionnelle entouré d'athées, d'agnostiques, de musulmans et de juifs, j'ai pu mesurer les dégâts créés par des attitudes dont généralement nous n'avons pas conscience. Personnellement, je regrette d'avoir parfois prêté à confusion par des comportements ou des paroles ambiguës, volontaires ou non, qui ont pu laisser penser que ma foi comportait une large part d'hypocrisie. Il a pu s'agir de gestes égocentriques ou simplement désinvoltes ou de propos équivoques destinés à faire rire ou à briller dans un contexte mondain. Je discernais mieux les effets dévastateurs de ceux des autres que ceux des miens ! De même que l'attirance vers la foi en Christ est souvent provoquée par le contact avec un chrétien convaincu et engagé, de même une des grandes causes de rejet de la foi et de l'Église tient aux contre-témoignages de toutes sortes dont le plus souvent nous n'avons aucune conscience. On n'a cessé de m'en citer : des non-catholiques m'ont exprimé leur étonnement devant la décontraction de catholiques entrant dans les églises, voire en allant communier ; des musulmans m'ont dit, devant certains laisser-aller vestimentaires de jeunes catholiques, croire à leur dépravation, etc.

Des problèmes de ce type ont existé de tout temps : l'interdiction faite aux premiers chrétiens de manger des viandes sacrifiées dans les temples païens tenait au fait que des observateurs non avertis auraient pu croire à une soumission à leurs cultes[149]. Prenons-nous suffisamment garde à ces comportements apparemment anodins qui peuvent être

---

[149] Ac 15,29.

interprétés comme des contre-témoignages ? Cela commence dès la petite enfance avec les « petits mensonges » des parents.

Ces comportements spontanés et naturels peuvent être de tels repoussoirs que, lorsque nous faisons le bilan nos journées, nous devrions toujours nous interroger sur nos attitudes. Les pires sont probablement celles qui peuvent être ressenties comme exprimant une certaine suffisance, un sentiment de supériorité, voire une condescendance ou simplement un manque d'attention de notre part vis-à-vis des convictions de ceux qui pensent différemment. Lorsque nous donnons l'impression d'être « les seuls détenteurs de la vérité » nous ruinons par avance toute velléité d'accueil et toute attractivité des paroisses, donc toute possibilité d'évangélisation.

Avons-nous suffisamment réfléchi à leur rôle dans la montée des critiques contre l'Église, et avons-nous veillé à les éviter ?

V – Notre insuffisante contribution aux réformes sociétales

Dans un monde en perpétuel devenir qui, selon les idées et les forces en présence, oscille entre l'asservissement des plus faibles et l'aspiration à une société harmonieuse, juste et solidaire, chaque baptisé est invité à coopérer à la gestation de son organisation dans ses diverses dimensions locales, nationales et mondiales. Il dépend en partie de nous que la société de demain respecte les grandes valeurs humaines et chrétiennes. Notre devoir de charité passe aussi par notre contribution, chacun à notre place, à la construction du monde de demain pour nos enfants, pour la collectivité et particulièrement pour les plus fragiles.

Cela peut-il se faire sans concertation entre chrétiens ? Quelle influence peuvent avoir des hommes isolés, aussi intelligents et motivés soient-ils, mais dont chacun n'a qu'une vision partielle des problèmes ? Comment aboutir aux meilleures décisions sans une réflexion commune, sans la confrontation des expériences, sans le rassemblement des compétences ? Peut-on espérer qu'elles soient appliquées sans consensus ? L'union fait la force aussi bien pour le nourrissement de la réflexion que pour la mise en pratique des décisions.

En France, avons-nous œuvré en ce sens ou avons-nous laissé cette réflexion aux seuls indifférents à la foi, voire à ses ennemis ? N'aurions-nous pas dû, nous aussi, organiser des occasions et des lieux de pensée catholiques orientés vers les structures et les lois sociétales ?

1° L'obéissance doctrinale ne doit pas étouffer la réflexion sociétale

L'analyse du rôle des catholiques au XIXe siècle illustre dramatiquement les conséquences négatives de l'insuffisance de réflexion collective de notre part : la terrible condition ouvrière qui a accompagné le développement de l'industrie (les journées de 12 heures, l'enrôlement des femmes et des enfants, la surmortalité, etc.), fut connue de tous dès 1830 (Lacordaire, Lamennais, Ozanam, etc.) ; les catholiques ont répondu à ce drame en créant de nombreuses œuvres de charité, écoles, orphelinats, dispensaires et hôpitaux ; pourquoi n'ont-ils pas simultanément instauré des groupes de réflexion pour élaborer les indispensables réformes ? Schématiquement les catholiques pansaient les plaies quand d'autres, souvent, soignaient les maladies. La quasi-absence de Cercles de Réflexion Catholiques explique que l'Église n'en prit la mesure qu'avec six décennies de retard et que nous n'ayons que peu contribué aux réformes nécessaires. Nous suivions les consignes de l'Institution qui non seulement n'y incitait pas, mais les découragea jusqu'en 1893, date de la publication de Rerum Novarum.

Et si les réorientations prônées par cette encyclique mirent si longtemps à être mises en œuvre, n'est-ce pas dû, là encore, à l'absence de structures de réflexion chrétiennes réunissant la diversité des professions, des orientations et des strates de la société ? Chaque problème est si complexe, tout est si intriqué ! Seule la confrontation des vécus complémentaires aurait permis de dépasser les visions partielles et de générer une compréhension globale. L'absence de telles rencontres fit que les catholiques, se rétractèrent pour longtemps en deux camps hostiles, les conservateurs privilégiant la productivité et l'ordre établi, les réformateurs prônant l'équité et les lois sociales, chaque camp ayant ses tendances modérées et radicales.

Notre absence ne résulte-t-elle pas indirectement de la confusion entre l'indispensable obéissance doctrinale et une aveugle soumission aux directives de la Hiérarchie en matière d'organisation sociétale ? Or, comme l'a rappelé récemment Monseigneur Rey[150], si *tout ce que le pape dit en ce qui concerne la doctrine de la foi, proclamé avec un caractère officiel, doit être reçu avec « une docilité de l'intelligence et une adhésion intérieure de la volonté », telle ou telle exhortation pastorale ou appréciation spirituelle qui relève d'opinions personnelles du Saint-Père n'exclut ni la réflexion ni le débat... Dieu nous a donné une intelligence pour que nous en fassions usage.* Nous ne manquions pas de penseurs inspirés ou d'acteurs individuels, mais de participation collective à la réflexion.

L'absence de rencontres transversales entre catholiques de milieux professionnels et d'orientations politiques divers a freiné aussi bien la fermentation de propositions concrètes dans la complexité et l'interdépendance du monde, que l'appropriation et la mise en application des orientations formulées par la papauté lorsqu'elle s'est réveillée.

2° Il faut multiplier les Cercles de Réflexion catholiques transversaux

Actuellement en France, les principaux cercles de réflexion sont les loges maçonnes. Les catholiques ont interdiction d'y participer[151]. Les rares groupes de réflexion catholiques sont catégoriels (les Semaines Sociales, les EDC, les Actions Catholiques). L'absence de cercles interprofessionnels contribue au fait que nous restions trop souvent absents du terrain législatif. Les principales avancées sociales restent générées dans les loges, la majorité des décideurs dans tous les domaines sont

---

[150] Monseigneur Rey, *L'Islam : Menace ou Défi ?*, Artège, 2019.

[151] Cette interdiction prive les loges de tout regard chrétien et constitue pour les catholiques un sérieux handicap pour l'accès à de nombreux postes décisionnels ou d'influence. On peut se demander si elle reste opportune dans le contexte actuel. Tant de choses ont changé depuis le siècle dernier. Ne serait-il pas préférable de la lever en l'assortissant de l'obligation de respecter des règles précises ?

recrutés parmi leurs membres, les options d'inspiration chrétienne sont incomprises, voire perçues négativement. Cette situation a quatre conséquences négatives : 1° nombre d'idées et de lois sont à l'inverse des valeurs chrétiennes, 2° les catholiques donnent l'impression (fausse) de se désintéresser de l'avenir, 3° leur promotion aux postes efficients est entravée, 4° « ceux-qui-réfléchissent » vont vers les lieux de réflexion non-chrétiens.

Face aux défis du temps, sans débat « entre » catholiques engagés, sans confrontation de la diversité des expériences et des attentes, on ne peut espérer ni l'émergence de propositions consensuelles, ni l'adhésion en profondeur aux recommandations de nos Papes. Il est donc urgent de créer des Cercles de Réflexion catholiques et que les groupes de prière ou d'action caritatives incorporent dans leurs objectifs et fonctionnements des temps de réflexion sur les thèmes sociétaux.

La hiérarchie craint parfois que ces Cercles ne deviennent des lieux de division et d'affrontement au sein de l'Église. C'est oublier que le chemin vers l'unité passe par la confrontation des divergences et l'effort de rapprochement à la lumière de l'Esprit Saint. Si ces Cercles sont inspirés par les Évangiles, les risques sont très inférieurs aux méfaits dus à leur absence. Une réflexion inspirée par les Évangiles implique en effet des règles précises :
- objectif centré sur l'analyse des thèmes et l'élaboration de propositions, assorti de l'engagement à ne pas se transformer en groupes de pression,
- encadrement de chaque réunion par des temps de prière,
- membres recrutés dans des milieux sociaux et professionnels différents et les divers courants d'opinion sans exclusive,
- consécration d'un temps identique aux exposés introductifs et aux débats entre tous les membres (et non pas devant eux),
- temps de parole ouvert à tous, y compris aux timides, et de durée limitée,
- formation des membres à distinguer les faits des opinions, à argumenter sans affrontement désobligeant, à écouter respectueusement les opinions opposées.
- discussion de tous les sujets sociétaux sans tabous, ni langue de buis,

- animation tournante et élective pour que chacun participe à la dynamique.

Actuellement, si l'Église ne nous incite pas à nous réunir, elle ne nous l'interdit plus. Dans les grands débats sociétaux, comme ceux sur la bioéthique, les laïcs catholiques doivent s'exprimer davantage et monter au créneau au lieu de laisser le champ libre aux propositions d'autres qui certes, ne sont pas toujours ennemis de l'Église, mais sont souvent éloignés des valeurs évangéliques. Lorsque seule s'exprime la Hiérarchie, les catholiques donnent l'image de la passivité, voire de l'indifférence. Seule une image dynamique de l'Église fera revenir vers elle ceux qui se sont réfugiés dans d'autres structures où brille la pensée.

Est-ce à la passivité que nous invite le Christ quand ce monde en perpétuelle réforme pour de multiples raisons auxquelles sont venues s'ajouter les conséquences de la pandémie récente, a intensément besoin qu'un regard chrétien illumine les propositions ? Notre devoir n'est-il pas de nous réunir pour nous comprendre, étape préliminaire sans laquelle on ne peut espérer trouver des compromis, et encore moins substituer aux antagonismes, un esprit de solidarité ?

VI - Notre insuffisante participation aux décisions ecclésiales

Notre absence de réflexion concerne aussi la vie de l'Église et les stratégies d'évangélisation, généralement considérées comme relevant du seul jugement de l'Institution. Or celle-ci et le clergé aux différents échelons décisionnels sont souvent moins bien informés de la réalité, des attentes et des besoins que les laïcs. De plus, dans certains domaines, les clercs sont moins compétents que certains laïcs de par leurs professions, leurs connaissances des techniques et des terrains et leurs occasions de « benchmarking »[152]. Notre devoir vis-à-vis de l'Église est-il

---

[152] Procédure de recherche et d'analyse de ce qui marche bien dans des secteurs similaires en vue d'améliorer nos pratiques et résultats. Née dans le commerce, cette procédure est utilisée par les organisations soucieuses d'optimiser leurs performances.

seulement d'alimenter son budget et de nous cantonner aux rôles d'exécutants ou avons-nous aussi à contribuer à l'élaboration des stratégies d'évangélisation dans leurs diverses dimensions : ce qui est fait pour les jeunes, ce qui est fait pour les fidèles dans leurs diversités, ce qui est fait pour les déçus de l'Église et ce qui est fait pour les autres (athées et musulmans) ?

Les membres des conseils paroissiaux, généralement désignés dans la plus grande discrétion parmi « ceux-qui-pensent-correctement » et ne feront pas de vagues, ne devraient-ils pas s'obliger à entendre et à relayer toutes les propositions ? Et les fidèles qui ont des suggestions originales ne devraient-ils pas davantage frapper à la porte pour être entendus ? Les compétences des laïcs se limitent-elles aux actions caritatives, pour les femmes aux accueils et secrétariats divers, et pour les hommes aux gestions financières et immobilières ? N'avons-nous pas démissionné devant des prêtres qui, comme tout un chacun, manquent de temps et n'ont confiance qu'en leurs propres idées en matière d'organisation des activités paroissiales et de l'évangélisation ? Ne nous laissons-nous pas décourager par la difficulté d'être écoutés et le risque de compliquer davantage la tâche de clercs suroccupés ? Certes les prêtres, de moins en moins nombreux, sont de plus en plus débordés. Mais certains conseils et des délégations peuvent leur faire gagner du temps et de l'efficacité.

L'objectif n'est ni de cléricaliser les laïcs ni, pour eux, de prendre le pouvoir des clercs mais de les aider par la diversité de nos compétences. L'humilité qui s'impose des deux côtés doit être conciliée avec le sens de l'efficacité dans le respect des fonctions différentes.

Notre insuffisante présence dans les conseils et lieux de décision ecclésiaux a indiscutablement contribué à la faillite actuelle. Certes nous n'y avons pas été invités mais qu'avons-nous fait pour que cela change ? En ce domaine, avons-nous « démissionné » à cause du respect que nous devons à nos prêtres ou simplement par timidité et insouciance ?

* * *

Cette recherche du rôle des laïcs dans les décrochages m'a conduit à occulter toutes les admirables entreprises individuelles ou collectives, fondées et animées par des laïcs, dans les œuvres caritatives ou l'annonce de la foi, comme « les Parcours Alpha », « Pasteur selon mon cœur » et « Le Congrès Mission ». Je ne me suis intéressé qu'au manque d'investissement personnel de la majorité de ceux qui se disent catholiques : force est de constater que nos carences et absences ont contribué aux éloignements de l'Église et aux abandons de la foi durant les dernières décennies. Il nous est plus facile de gloser sur les conséquences des défaillances des clercs et de l'Institution, que de réfléchir aux conséquences des nôtres en matière d'approfondissement de notre foi, de participation active à l'évangélisation informelle, de contre-témoignages irréfléchis, d'insuffisance de la réflexion « entre chrétiens » tant sur les problèmes de notre temps que sur les orientations ecclésiales, et de l'absence de Cercles de Réflexion catholiques. Ne devrions-nous pas commencer par faire le point sur les conséquences de notre passivité ?

L'objectif n'est pas de battre notre coulpe mais de prendre conscience des causes du mal pour mieux redresser. N'est-ce pas ce à quoi nous invite notre Saint-Père François lorsqu'il écrit : *Les défis sont faits pour être relevés. Soyons réalistes... Ne nous laissons pas voler la force missionnaire* (EG 107) ?

Arrêtons donc de pleurer sur le rétrécissement de la chrétienté et demandons-nous : sommes-nous prêts à sortir du confortable cocon de l'entre-soi ? Sommes-nous prêts à nous investir davantage ? Sommes-nous prêts à nous former aux méthodes de collaboration fructueuse, en particulier pour les discussions communautaires : sous le regard de l'Esprit-Saint, dans l'écoute de la diversité des expériences et le respect de l'autorité ecclésiale ? Car discuter de façon constructive, cela s'apprend. Sans cet apprentissage, nous en resterions aux coupages de paroles, à l'inattention aux argumentaires des autres, aux affrontements et à la cacophonie. Pour les communautés, comme pour les individus, l'apprentissage fait partie du chemin vers la maturité. Alors de consommateurs de religion, nous en deviendrons membres actifs.

Le difficile chemin du Renouveau

Cet essai est né de la conjonction d'une souffrance, d'un triple constat et d'une double obsession. Ma souffrance résulte de la vision de tant de catholiques ayant décroché de l'Église ou s'apprêtant à le faire, et parmi eux, de nombreux fidèles ayant fait une vraie démarche spirituelle et menant une vie qui se veut au plus près des Évangiles. Ma double expérience au service des malades puis des prédicateurs, m'a conduit à un triple constat : nombre de ces décrochages sont dus à des comportements liés à une *mentalité* qui fracture au lieu d'unir ; dans la bulle, beaucoup de prêtres et de laïcs ont les yeux tellement clos qu'ils ne voient ni la désertification, ni ses causes, ni même de quoi on parle ; enfin les fidèles conscients des dysfonctionnements et de leurs conséquences ont peu de moyens de s'exprimer et sont peu entendus. Il en est résulté deux obsessions : il faut que nous redonnions « envie » de raccrocher à ceux dont la démarche est honnête. Et que les catholiques soient davantage présents dans les lieux de gestation des indispensables transformations de nos sociétés.

Tout tient dans ces deux mots : DONNER ENVIE… *Saint Augustin disait que le Christ se révèle à nous en nous attirant. Et, pour donner une image de cette attraction, il citait le poète Virgile, selon lequel « chacun est attiré par ce qui lui plaît ». Jésus non seulement convainc notre volonté, mais attire notre plaisir (Commentaire sur l'Évangile de Jean 26,4)*[153].

L'Église catholique une fois de plus est à un tournant. L'Institution doit choisir entre l'évitement des problèmes qui fâchent et l'approfondissement des dysfonctionnements, le déni et l'adaptation aux circonstances propres à notre temps, la peur du changement et la poursuite de sa mission. Pareillement, les

---

[153] Message de François aux Œuvres Pontificales Missionnaires, 21 mai 2020.

prêtres doivent choisir entre la sujétion des fidèles et la coopération, leur infantilisation ou leur élévation, la désertification ou l'accompagnement. Quant aux laïcs ils ont à choisir entre résignation et mobilisation, dés-union et comm-union, silence et évangélisation ; ne rien faire, c'est en soi avoir choisi. Il est plus facile d'affronter les ennemis extérieurs que de traquer nos propres déviances.

Aujourd'hui s'ouvre la première phase du Synode voulu par François, dont le thème est « Pour une Église synodale : communion, participation et mission ». Il est prévu une phase diocésaine (octobre 2021-avril 2022) puis une phase continentale et enfin la phase universelle. Chacun de nous est invité à y travailler. Les consultations diocésaines se termineront par des réunions présynodales dont les synthèses seront envoyées à la Conférence Épiscopale. Saisirons-nous cette opportunité de contribuer à la rénovation de l'Église ? Il est toujours tentant d'attendre que la porte se referme ou de se limiter à des déclarations non suivies et à quelques changements démagogiques.

Les trois messages de cet essai

Chaque proposition est discutable, chaque exemple est critiquable, mais l'important réside dans ces trois messages.
- Les abus sexuels ont été le révélateur d'une multitude de dysfonctionnements dont la contribution aux décrochages massifs, du milieu du XXe siècle à nos jours, est évidente. L'analyse de ces dysfonctionnements aboutit à une cascade de causes comparable à un arbre avec ses bouquets de feuilles, ses branches porteuses, un tronc commun et des racines. Un arbre qui dépérit ! Par exemple, les paroisses tristes et peu chaleureuses, les conseils pastoraux non-ouverts, les carences d'organisation du contact avec ceux qui pensent différemment et le rejet de propositions de laïcs sans analyse ni concertation sont autant de bouquets de feuilles portés par une branche unique : les prises de décisions pastorales sans consultation ni association des laïcs. Globalement, nous l'avons vu, les autres dysfonctionnements relèvent de trois autres branches : le confinement des laïcs dans un statut de mineurs

irresponsables, leur sous-formation et l'oubli de leur place essentielle dans l'évangélisation. Toutes ces branches sont issues d'un tronc commun, la « Fracture entre les clercs et les laïcs » : tout se passe comme si les premiers étaient supposés penser et décider pour les laïcs et ceux-ci, prier et agir sans donner leur avis.

Ce tronc puise sa sève dans des racines mortifères : l'inadaptation aux niveaux éducatifs et décisionnels des laïcs qui ont radicalement changé en un siècle, l'oubli des aggiornamentos successifs de l'Église, le cléricalisme, la confusion entre la Tradition et des coutumes contextuelles, l'ignorance des méthodes managériales comme les objectifs et les évaluations, l'écoute limitée aux seuls bien-pensants et le *on a toujours fait ainsi* dénoncé par François.

• Le deuxième message de cet essai est que, de même qu'on ne traite pas une maladie en ne soignant que quelques symptômes, pour redonner « envie » d'adhérer à l'Église, il faut s'attaquer à tous les buissons de feuilles, à toutes les branches, surtout au tronc commun et aux racines. Tâche immense. N'en traiter qu'une partie n'aurait qu'une efficacité limitée et éphémère.

Comme au Moyen Âge, pour sauvegarder une ville, ce sont tous les remparts et toutes les portes qui devaient être défendues, et pas seulement quelques-unes. Comme dans un service hospitalier, pour préserver les malades des infections nosocomiales, les précautions doivent être appliquées à tous les niveaux et à toutes les étapes. Comme la sécurité d'un avion repose sur un contrôle total. Etc… Fermons portes et fenêtres en oubliant la cheminée, le mal reviendra par elle.

• Le troisième message est que la responsabilité de ces dysfonctionnements est largement partagée entre l'Institution, les clercs et les laïcs. Le traitement nécessite donc une profonde volonté de transformation de la part de ces trois acteurs. La volonté est la clé de tout. Les bonnes intentions ne suffisent pas.

Sacré défi ! Mais les défis existent pour être relevés, nous dit François qui ajoute : *Soyons réalistes, mais sans perdre la joie, l'audace et le dévouement plein d'espérance ! Ne nous laissons pas voler la force missionnaire* (EG 109). Et sans jamais désespérer parce que sur ce chemin rocailleux, nous ne sommes pas seuls [154] !

Cet appel sera-t-il entendu ?

Il y a un millénaire, un appel similaire a été lancé par un moine chroniqueur, Raoul Glaber (985-1047) : *Trois années n'étaient pas écoulées dans le millénaire que, à travers le monde entier, et plus particulièrement en Italie et en Gaule, on commença à reconstruire les églises [...] Il semblait que chaque communauté chrétienne cherchait à surpasser les autres par la splendeur de ses constructions. C'était comme si le monde entier se libérait, rejetant le poids du passé et se revêtait d'un blanc manteau d'églises.*

Les grandes invasions enfin terminées, l'Église peu à peu instaurait un changement de *mentalité*, ce qu'on nomma la Paix de Dieu et qui aboutit au fait que « qui tue un chrétien, tue le Christ ». La population retrouva une vie plus paisible : on put à nouveau cultiver les champs et faire paître les troupeaux. C'est alors que la Gaule se couvrit de ce manteau d'églises dont la pierre était blanche car récemment taillée. Ce fut le deuxième départ de la chrétienté en Occident. Cependant Raoul Glaber avertissait : *comme les yeux de la foi catholique, c'est-à-dire les prélats, sont obnubilés d'un coupable aveuglement, le peuple laissé dans l'ignorance roule vers sa perte.*

Déjà il dénonçait la grande Fracture entre clercs et laïcs et en craignait les conséquences ! Force est de reconnaître que cet appel n'a pas été entendu. De même que ne fut pas entendu celui de Didier Érasme, un autre moine, à mi-distance entre Glaber et nous, qui traduisit la Bible en langue vulgaire pour que chacun puisse s'en nourrir[155], alors que le latin n'était plus compris par le peuple. L'usage des rares traductions autorisées resta déconseillé jusqu'au XIXe siècle ! Au point que ma grand-mère avait appris que lire la Bible était un péché…

---

[154] Mt 28,20.
[155] Il souhaitait que *le laboureur à sa charrue, la fileuse à son rouet*, etc. puissent écouter et comprendre la Parole de Dieu. Paraclesis – Préface du Nouveau Testament (1516).

Aujourd'hui, dans la « Lettre au Peuple de Dieu [156] » le Pape François nous incite à changer. Pas seulement quelques détails, mais en profondeur. Et à y travailler tous ensemble : *Il est impossible d'imaginer une conversion de l'agir ecclésial sans la participation active de toutes les composantes du peuple de Dieu. Plus encore, chaque fois que nous avons tenté de supplanter, de faire taire, d'ignorer, de réduire le peuple de Dieu à de petites élites, nous avons construit des communautés, des projets, des choix théologiques, des spiritualités et des structures sans racine, sans mémoire, sans visage, sans corps et, en définitive, sans vie. Cela se manifeste clairement dans une manière déviante de concevoir l'autorité dans l'Église (si commune dans nombre de communautés dans lesquelles se sont vérifiés des abus sexuels, des abus de pouvoir et de conscience) comme l'est le cléricalisme, cette attitude qui annule non seulement la personnalité des chrétiens, mais tend également à diminuer et à sous-évaluer la grâce baptismale que l'Esprit Saint a placée dans le cœur de notre peuple.*

Quelques évêques ont bien décelé la racine du mal comme Mgr Albert Rouet [157] : *tout ce qui de près ou de loin, semble porter atteinte aux prêtres, au clergé, est suspecté de protestantisme ou de restreindre la place du sacrement de l'ordre dans l'Église. Mais c'est absolument faux. Il y a un sacrement de l'ordre qui a toute sa valeur et tout son rôle. Mais il faut repartir aussi de ce qu'a dit Vatican II, plusieurs fois, sur l'égalité des chrétiens et sur le fait que les prêtres sont beaucoup plus au service du peuple de Dieu que destinés à constituer une catégorie à part que servirait le peuple de Dieu.*

Il ajoute : *le prêtre n'est pas le concurrent des laïcs, ce qui est toujours le cas quand on est dans une logique sacrée/profane. Il est celui qui permet aux laïcs d'exprimer leur charisme et de faire que ces charismes servent pour le bien de tous. Ces charismes et le bien de tous, il faut les mettre en relation, car lui seul sait comment il faut construire son corps. Parce qu'il est ordonné comme le serviteur du Christ, au nom du Christ, le prêtre joue ce rôle.*

---

[156] *Lettre au Peuple de Dieu*, 20 août 2018.
[157] Cf. *supra*, 123, note 105.

Il conclut : *Il faut à mon avis passer de cette Église en deux parties à ce corps au service duquel les ministres, diacres, prêtres et évêques sont ordonnés et envoyés.*

Les idées de cet archevêque étaient rejetées par nombre de ses confrères. Qu'en est-il des masses ? Un ami prêtre des bureaux du Vatican attribue tous les décrochages aux effets des réformes qui ont suivi Vatican II ; un ami laïc n'y voit que l'œuvre de Satan et me dit que la réflexion collective à laquelle j'invite est dangereuse car « les hérésies sont portées par ceux-qui-pensent »… La liste des raisons de ne rien changer est infinie.

Mais celles de changer sont bien plus nombreuses et davantage ancrées dans la responsabilité que nous a confiée le Christ. Parmi ces prêtres au dévouement admirable et ces laïcs qui consacrent leurs énergies au caritatif, lequel ne rêve d'une doctrine plus claire, de paroisses plus attractives, de prêtres plus nombreux et mieux préparés à leurs missions, de laïcs mieux formés et plus prêts à témoigner de façon séduisante, de candidats à la prêtrise plus nombreux ?

Les trois conditions du renouveau

Leur contemplation provoque le vertige tant elles peuvent paraître irréalisables. Il faut en effet que le Peuple de Dieu, successivement…
1° décide de la nécessité d'un profond changement dans les domaines de la gouvernance et du choix des priorités, restaurant les places de la formation et du témoignage, ceci jusqu'au langage. Cela peut-il se faire sans Concile ? Plusieurs centaines de répondants à l'enquête « Réparons l'Église » ont appelé de leurs vœux un Vatican III.
2° se mette d'accord, non sur les détails, mais sur l'état d'esprit. Cela implique de prier l'Esprit Saint et de travailler, sous son inspiration et dans l'amour des autres, pour comprendre les raisons des idées opposées, et rester dans la fidélité à l'Église. Ainsi vécue, la « participation » n'aboutira pas à l'anarchie mais à une plus grande communion en son sein.
3° fasse l'énorme effort de changer ses habitudes quotidiennes. Chassez le naturel, il reviendra au galop. Le Christ disait : *on ne met pas du vin nouveau dans des outres*

anciennes[158]. Il ne suffit pas d'être d'accord quand ces habitudes sont ancrées au point d'être devenues une seconde nature. Par exemple, les laïcs habitués à se comporter en courtisans auront bien du mal à se transformer en collaborateurs et responsables.

Le vertige certes ! Mais à plusieurs reprises, la vie m'a appris que l'impensable peut survenir lorsqu'on prie et qu'on retrousse ses manches. Alors regardons ces conditions bien en face.

L'avenir de l'Église dépend en partie de nous. Oui ! Comme au Sahara, des déserts – ceux auxquels nous avons contribué - pourront refleurir. Question de volonté de notre part...

Sommes-nous prêts à travailler à un profond changement des « *mentalités* » pour que l'Église redevienne exportatrice de la Révélation, *Lumière* pour les consciences et créatrice de Joie ? Pour qu'elle génère davantage d'adhésions et de vocations ? Pour qu'elle donne ENVIE de revenir à ceux qui l'ont quittée ?

Cet essai a l'ambition d'y contribuer.

Si vous pensez qu'il est une bonne base tant pour l'analyse des dysfonctionnements que pour la méthode de travail proposée, aidez-nous à le diffuser.

Mystère, danger, bonheur, malheur,
grâce de Dieu,
responsabilité effrayante, misère, grandeur de notre vie,
nous, créatures éphémères [...] fragiles,
c'est de nous
qu'il dépend que la parole éternelle
retentisse ou ne retentisse pas[159].

---

[158] Mt 9,17.
[159] Charles Péguy, *Le Porche du Mystère de la deuxième vertu*, Gallimard-NRF, 1986 (1ère parution 1911).

Même les personnes
qui peuvent être critiquées pour leurs erreurs
ont quelque chose à apporter
qui ne doit pas être perdu.

(EG 236)

TABLE DES MATIÈRES

Faire refleurir le désert (Intro) 13

    Les chiffres et la Fracture 13
    L'absence de réaction des catholiques 18
    Cinq raisons d'écrire cet essai 19
    Son plan et les questions soulevées 21

I – Les carences dont je fus témoin 23

    Pleurer ou agir ? 24
    Mes années de collège et l'absence de débats 25
    Les études médicales et l'Église repliée sur elle-même . 28
    La guerre et l'Église silencieuse 30
    Un demi-siècle au service des malades
    et les chrétiens muets 32
    L'éducation des jeunes et l'inefficience du catéchisme . 35
    Douze ans au service des prêtres
    et la grande « Fracture » 36
    Mes curés et le mêlez-vous de ce qui vous regarde 40
    L'omniprésence de la Fracture clercs / laïcs 42

II – Comme un arbre qui dépérit… 45

    I. Les laïcs entre éloignement et volonté de rénovation . 46
    II. Les grandes causes de décrochages 49
    III. La Fracture clercs / laïcs,
    tronc commun de toutes les causes 58
    IV. La nécessité d'un traitement complet 65

III – Ce que peut l'Institution 71

    I. L'unité entre clercs et laïcs 73
    II. La manière de gérer 76
    III. La réflexion sur les choix stratégiques 81

IV. L'éducation religieuse des laïcs 83
V. La formation des laïcs à l'Évangélisation 95
VI. Des comportements qui suscitent l'élan 96
VII. La distinction entre le contextuel
et le fondamental 97
VIII. La place des femmes 99

IV – Ce que peuvent les clercs 103

I. Des paroisses plus attractives 105
II. Des églises et des messes plus inspirantes 111
III. L'évangélisation mieux préparée 116
IV. La formation des laïcs priorisée 118
V. Des présentations doctrinales et morales rendues
plus compréhensibles 120
VI. La fin des comportements repoussoirs 122
VII. Des accompagnements spirituels excluant
toute domination 125

V – Ce que peuvent les laïcs 129

I. Notre oubli de la responsabilité de tout chrétien 130
II. Notre scandaleuse ignorance 134
III. Notre dé-mission de l'évangélisation 139
IV. Nos contre-témoignages 151
V. Notre insuffisante contribution
aux réformes sociétales 152
VI. Notre insuffisante participation
aux décisions ecclésiales 156

Le difficile chemin du Renouveau 159

Les trois messages de cet essai 160
Cet appel sera-t-il entendu ? 162
Les trois conditions du Renouveau 164

STRUCTURES ÉDITORIALES
DU GROUPE L'HARMATTAN

L'HARMATTAN ITALIE
Via degli Artisti, 15
10124 Torino
harmattan.italia@gmail.com

L'HARMATTAN HONGRIE
Kossuth l. u. 14-16.
1053 Budapest
harmattan@harmattan.hu

L'HARMATTAN SÉNÉGAL
10 VDN en face Mermoz
BP 45034 Dakar-Fann
senharmattan@gmail.com

L'HARMATTAN CAMEROUN
TSINGA/FECAFOOT
BP 11486 Yaoundé
inkoukam@gmail.com

L'HARMATTAN BURKINA FASO
Achille Somé – tengnule@hotmail.fr

L'HARMATTAN GUINÉE
Almamya, rue KA 028 OKB Agency
BP 3470 Conakry
harmattanguinee@yahoo.fr

L'HARMATTAN RDC
185, avenue Nyangwe
Commune de Lingwala – Kinshasa
matangilamusadila@yahoo.fr

L'HARMATTAN CONGO
67, boulevard Denis-Sassou-N'Guesso
BP 2874 Brazzaville
harmattan.congo@yahoo.fr

L'HARMATTAN MALI
ACI 2000 - Immeuble Mgr Jean Marie Cisse
Bureau 10
BP 145 Bamako-Mali
mali@harmattan.fr

L'HARMATTAN TOGO
Djidjole – Lomé
Maison Amela
face EPP BATOME
ddamela@aol.com

L'HARMATTAN CÔTE D'IVOIRE
Résidence Karl – Cité des Arts
Abidjan-Cocody
03 BP 1588 Abidjan
espace_harmattan.ci@hotmail.fr

NOS LIBRAIRIES
EN FRANCE

LIBRAIRIE INTERNATIONALE
16, rue des Écoles
75005 Paris
librairie.internationale@harmattan.fr
01 40 46 79 11
www.librairieharmattan.com

LIBRAIRIE DES SAVOIRS
21, rue des Écoles
75005 Paris
librairie.sh@harmattan.fr
01 46 34 13 71
www.librairieharmattansh.com

LIBRAIRIE LE LUCERNAIRE
53, rue Notre-Dame-des-Champs
75006 Paris
librairie@lucernaire.fr
01 42 22 67 13